RAPPORT

SUR

L'EMPLOI DE L'AIR CHAUD

DANS LES USINES A FER

DE L'ÉCOSSE ET DE L'ANGLETERRE.

PARIS. — IMPRIMERIE ET FONDERIE DE FAIN,
RUE RACINE, N°. 4, PLACE DE L'ODÉON.

RAPPORT

A M. LE DIRECTEUR GÉNÉRAL

DES PONTS ET CHAUSSÉES ET DES MINES,

SUR

L'EMPLOI DE L'AIR CHAUD

DANS LES USINES A FER

DE L'ÉCOSSE ET DE L'ANGLETERRE;

PAR M. DUFRÉNOY,

INGÉNIEUR EN CHEF DES MINES.

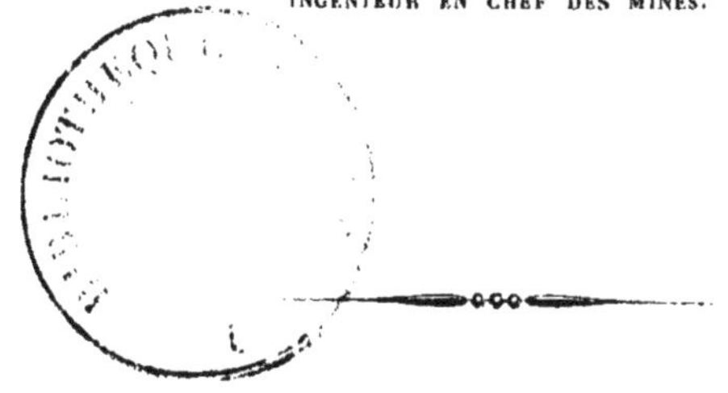

A PARIS,

CHEZ CARILIAN-GOEURY, LIBRAIRE

DES CORPS ROYAUX DES PONTS ET CHAUSSÉES ET DES MINES,

QUAI DES AUGUSTINS, N°. 41.

1834.

RAPPORT

A Monsieur le directeur général des ponts et chaussées et des mines, sur l'emploi de l'air chaud dans les usines à fer de l'Écosse et de l'Angleterre (1).

Quelques expériences faites sur un simple feu de maréchal, par M. Neilson, directeur de l'usine Exposé.

(1) On sait que pour produire la haute température nécessaire à la fusion des minerais de fer, il faut que la combustion soit alimentée par un courant d'air très-puissant. Jusqu'à ces derniers temps, l'air puisé dans l'atmosphère par les machines soufflantes, était immédiatement lancé dans les hauts-fourneaux. Depuis trois ans on a eu l'idée de souffler les fourneaux avec de l'air chauffé préalablement. Ce changement dans la température de l'air a produit dans les usines à fer de l'Ecosse, une économie très-considérable dans la consommation du combustible, et une amélioration dans la qualité de la fonte; des essais du même genre qui ont été faits en France et, dans les forges des bords du Rhin, ont donné des résultats variés et peu concluans.

M. le directeur général des ponts et chaussées et des mines désirant éclaircir une question qui intéresse à un au gaz de Glasgow, ont conduit à penser qu'il pourrait y avoir de l'avantage à alimenter la combustion par de l'air chauffé préalablement. Il communiqua ses idées à M. Macintosh, connu depuis long-temps dans le monde industriel par son esprit d'invention (1). Ils se réunirent pour entreprendre à l'usine de la Clyde, de concert avec M. Wilson, l'un des propriétaires de cet établissement, une série d'expériences afin d'éclaircir cette importante question. Dansla première expérience, l'air fut chauffé dans une espèce de coffre rectangulaire en tôle de 10 pieds (2) de

---

si haut point l'industrie du fer, a chargé M. Voltz de suivre les essais qui ont été faits dans le Wurtemberg, et il m'a donné la mission d'étudier les procédés suivis en Ecosse et en Angleterre ; ce rapport contient les différentes observations que j'ai faites pendant cette mission.

(1) M. Macintosh est l'inventeur du procédé de la fabrication de l'acier au moyen du gaz hydrogène carboné, qui provient de la distillation de la houille.

(2) Les dimensions des différentes parties des appareils étant souvent en nombres ronds, j'ai conservé dans ce rapport les mesures anglaises.

Le pied anglais. = $0^{m},304692$
Le pouce. . . . = $0^{m},025991$

1 schelling = 1 fr. 26 c.

Je rappellerai aussi que 9° Fahrenheit = 5° centigrades ; le zéro du thermomètre centigrade correspondant à 32°

long, sur 4 pieds de haut et 3 de large, semblable aux chaudières des machines à vapeur. L'air provenant de la machine soufflante était introduit dans cette capacité, où il s'échauffait avant de se rendre dans le haut-fourneau. Malgré l'imperfection de ce procédé, qui ne permit d'élever la température de l'air qu'à 200°. Fahrenheit (93° 3 cent.), on pouvait déjà pressentir que l'idée de M. Neilson était destinée à produire une révolution dans le travail du fer. Ce premier appareil n'ayant résisté que peu de temps à l'action de la chaleur et de l'oxidation, et son renouvellement étant très-coûteux, on lui substitua un tube en fonte présentant au centre un renflement analogue à une boule de thermomètre; ce second appareil produisit déjà une grande amélioration; sa durée fut beaucoup plus longue, et la température que l'on put donner à l'air s'éleva à 280° Fahrenheit. (137°,7 cent.): cette augmentation de température, quoique assez faible, apporta une économie notable de combustible.

MM. Neilson, Macintosh et Wilson comprirent alors de quel avantage il serait de pouvoir élever la température de l'air de plusieurs centaines

---

du thermomètre de Fahrenheit, il faut toujours retrancher 32° des nombres exprimés en degrés Fahr., pour les transformer en degrés centigrades.

de degrés. Ils abandonnèrent ce tube chauffeur, et construisirent un nouvel appareil, présentant un grand développement de tuyaux, chauffés en plusieurs points de leur longueur. Au moyen de cette nouvelle construction, la température de l'air fut portée à 612° Fahrenheit ou 322°,2 cent., température supérieure à celle du plomb fondu, et à laquelle ce métal se volatilise.

Quoique cette température fût bien audessous de celle qui serait nécessaire pour la fusion de la fonte (évaluée à environ 1500°), cependant elle produisit une économie considérable dans la consommation du combustible. On obtint encore un autre avantage d'une grande importance, celui de pouvoir substituer la houille crue au coke, sans que la marche du fourneau en éprouvât le moindre dérangement; la qualité de la fonte fut au contraire améliorée, et le fourneau qui rendait à peuprès moitié de fonte n°. 1 (1), et moitié de fonte n°. 2, lorsqu'il était alimenté par du coke, donna une proportion beaucoup plus grande de fonte n°. 1, après la substitution de la houille crue.

(1) La fonte n°. 1 est la fonte la plus propre au moulage; elle est souvent désignée sous le nom de *fonte noire*. La fonte n°. 2 est encore de la fonte douce, quelquefois cependant elle est destinée à la fabrication du fer.

En outre, la consommation en castine fut considérablement diminuée; cette dernière circonstance tient probablement à ce que la température du fourneau devenant plus élevée, il ne fût plus alors nécessaire d'ajouter une aussi grande quantité de fondant pour déterminer la vitrification de la gangue qui accompagne les minerais; c'est probablement aussi à cette augmentation de température que l'on doit attribuer la possibilité de substituer la houille au coke.

Pour mieux faire juger de l'accroissement progressif des économies obtenues à l'usine de la Clyde, dans les expériences que nous venons de citer, nous allons indiquer, pour chacune d'elles, les différentes consommations qui ont eu lieu en houille et en castine.

En 1829, la combustion étant alimentée par de l'air froid :

	tonn.	q.	tonn.	q.
Houille.				
1°. Pour la fusion, 3 tonnes de coke, correspondant à. .	6	13	7	13
2°. Pour la machine soufflante.	1			
Castine.				$10\frac{1}{2}$

En 1831, les fourneaux étant soufflés avec de l'air chauffé à 450° Fahr. (232°, 2 cent.), on brûlait encore du coke pour la fusion du minerai :

Houille.

	tonn.	q.	tonn.	q.
1°. Pour la fusion, 1 t. 18 q. de coke, correspondant à. .	4	6		
2°. P. l'appareil à chauffer l'air.		5	4	18
3°. Pour la machine soufflante.		7		
Castine.				9

En 1833, au mois de juillet, la température de l'air était élevée à 612° Fahr. (322°, 2 cent.) La fusion avait lieu seulement avec de la houille crue :

Houille.

	tonn.	q.	tonn.	q.
1°. Pour la fusion.	2			
2°. Pour l'appareil à chauffer.		8	2	19
3°. Pour la machine soufflante.		11		
Castine.				7

A cette dernière époque, l'emploi de l'air chaud avait augmenté le rendement des fourneaux de plus d'un tiers, et par suite avait apporté une grande économie dans la dépense en main-d'œuvre. Enfin, la quantité de vent nécessaire pour l'alimentation des hauts-fourneaux, avait éprouvé aussi une diminution sensible; la machine soufflante de la force de 70 chevaux, qui desservait en 1829 seulement trois hauts-fourneaux, est assez puissante maintenant pour en faire marcher quatre.

En comparant les résultats que nous venons d'indiquer, on reconnaît que l'économie du combustible est en rapport avec la température à laquelle l'air est élevé. Quant à l'économie en elle-même, elle varie dans chaque usine suivant la nature du charbon, et avec les soins qu'on apporte à l'opération.

Malgré la réussite complète de ces expériences l'introduction de l'air chaud dans les usines à fer a éprouvé de grandes difficultés; il a fallu vaincre non-seulement la puissance de l'habitude, mais encore le préjugé général, que la houille est sulfureuse, et que sa transformation en coke est non-seulement favorable à la combustion dans les hauts-fourneaux, mais qu'elle est indispensable pour fabriquer de la fonte de bonne qualité.

Ce procédé, en usage depuis quatre ans dans les usines des environs de Glasgow, qu'il a sauvées d'une ruine certaine, a eu peine à franchir les frontières de l'Ecosse; cependant les avantages presque miraculeux qu'il a produits commencent à triompher des préjugés, et à s'étendre de proche en proche dans les différentes provinces de l'Angleterre. Je connais vingt-une usines contenant ensemble 67 hauts-fourneaux qui marchent au moyen de l'air chaud(1). La fonte qui provient

---

(1) En Écosse. 6
Dans le Flintshire. 1
Derbyshire. 3
Newcastle upon Tyne (Northumberland). 2
Newcastle under Lyne (Staffordshire). . . 2

de ces usines est généralement de la fonte n°. 1, propre au moulage des pièces les plus délicates. Ce procédé est également applicable à la fonte destinée à la fabrication du fer; il suffit, pour obtenir cette qualité de fonte, de changer les proportions de charbon et de minerai. Les forges de *Tyne-Iron-Works*, près de Newcastle, de *Codnor-Park*, près de Derby, n'emploient, pour la fabrication du fer, que des fontes produites dans des hauts-fourneaux marchant à l'air chaud.

Dans le plus grand nombre des établissemens que je viens de citer, on a substitué la houille crue au coke. Dans quelques établissemens où cette substitution n'a pas encore été adoptée, on m'a assuré, comme à *Monkland-Iron-Works*, près de Glasgow, que la température de l'air n'était pas assez élevée pour que l'on pût se passer de la fabrication du coke. Dans quelques autres, la qualité de la houille extrêmement bitumineuse, comme près de Newcastle, paraît être un obstacle à l'usage de la houille en nature.

Wenesbury.	1	Staffordshire. .	5
Dudley.	1		
En construction. . .	3		
Pontipool.			2
		Total.	21

L'emploi de l'air chaud n'est pas encore introduit dans les belles usines de Mertyr-Tidvil dans le pays de Galles. La faible consommation de houille qui est employée en nature, ainsi que je l'indiquerai à la fin de ce rapport, et le prix élevé du brevet, en retardent l'adoption; mais je ne doute pas que ce procédé ne produisît également, dans ce pays, une économie sensible dans la consommation du combustible.

Pour faire apprécier l'avantage qui résulte de l'emploi de l'air chaud, je vais faire une espèce de revue statistique des principaux établissemens que j'ai visités; je décrirai les appareils qui présentent quelques différences, et je comparerai les consommations et les dépenses qu'exigeait, dans ces usines, la fabrication d'une tonne de fonte avant l'introduction de l'air chaud à celles qui ont lieu aujourd'hui. Cette description paraîtra sans doute un peu longue, mais dans une question aussi importante, et qui peut avoir une influence immense sur nos forges, je pense qu'on ne doit omettre rien de ce qui tend à éclairer les personnes qui se livrent à l'industrie du fer. Je donnerai ensuite quelques détails sur les charbons employés dans ces usines, ainsi que sur les dépenses de fabrication de la fonte dans le pays de Galles. Enfin je terminerai ce rapport par un résumé des principales expériences qui ont été faites en France pour introduire l'emploi de l'air chaud dans les usines de fer.

Avant de commencer cette description, je dois payer un juste tribut de reconnaissance aux propriétaires des usines que j'ai visitées; presque tous m'ont procuré, avec une noble générosité, les moyens d'étudier avec fruit leurs établissemens: ils ont montré dans cette circonstance, que la seule rivalité qui existe encore entre la France et l'Angleterre est le désir des améliorations.

Usines des environs de Glasgow.

Le territoire de Glasgow est occupé par un vaste terrain houiller, l'un des plus riches de la Grande-Bretagne, par son étendue et la puissance des couches de houille qu'il renferme ; ce bassin est aussi très-remarquable par l'abondance des minerais de fer qui existent, à la fois, en rognons dans les argiles schisteuses du terrain houiller, et en couches régulières, sur une étendue souvent considérable. Les couches de houille des environs de Glasgow qui appartiennent à la partie la plus inférieure du terrain houiller alternent avec des couches du calcaire de montagne, de sorte que l'on trouve ainsi réunis, dans la même localité, la houille, le minerai de fer, la castine, et même, presque toujours l'argile réfractaire nécessaire à la construction des hauts-fourneaux. Ces avantages inappréciables pour l'établissement des usines à fer étaient un peu compensés par la perte énorme que les houilles des environs de Glasgow éprouvent par la carbonisation, ainsi que par la légèreté du coke qu'elle produit; il résultait, de ces circonstances, que la fabrication d'une tonne de fonte exigeait en Ecosse, une quantité de combustible beaucoup plus considérable que dans les autres forges de l'Angleterre; aussi l'emploi de l'air chaud a-t-il produit dans les usines d'Ecosse, une véritable révolution, en leur permettant de soutenir avec avantage la concurrence du pays de Galles.

L'*usine de la Clyde*, dite *Clyde-Iron-Works*, est, ainsi que je l'ai indiqué, le premier établissement dans lequel le procédé de l'air chaud ait été mis en pratique. L'appareil, actuellement en usage, se compose (*Pl. X*, *fig.* 1 *et* 2), pour chaque haut-fourneau d'une double ceinture de tuyaux horizontaux *a*, *a*, d'un développement de 150 pieds; ces tuyaux ont un diamètre intérieur de dix-neuf pouces et une épaisseur d'un pouce et demi. La ceinture extérieure se termine à la hauteur du milieu du fourneau, et l'air se divise en deux parties, de manière à se porter en égale abondance à chaque tuyère; des soupapes placées en E peuvent régulariser la distribution de

Usine de la Clyde.

Forme de l'appareil.

l'air, elles servent aussi à l'intercepter lorsque des réparations exigent qu'on ôte le vent. Dans cette longueur de 150 pieds, les tuyaux passent au milieu de cinq fourneaux, ou chauffoirs F, dont deux sont placés près des tuyères, afin que l'air n'ait pas le temps de se refroidir avant d'entrer dans le fourneau. Les *fig.* 1 *et* 2 donnent une idée exacte de la forme et de la disposition de ces cinq fourneaux; ils sont réunis entre eux par un conduit en brique *g* qui enveloppe les tuyaux. Au moyen de cette disposition, la flamme et la fumée qui s'échappent des fourneaux circulent autour des tuyaux et les échauffent dans toute leur longueur. Pour empêcher que les parties des tuyaux exposés immédiatement à l'action du feu ne se détériorent, on les enveloppe d'une ceinture de briques réfractaires de la longueur des fourneaux. Dans le premier appareil de ce genre que l'on a construit, on avait placé les tuyaux l'un dans l'autre, de manière qu'ils pussent jouer et que la dilatation ne causât aucune rupture. Cette disposition ingénieuse a été abandonnée parce qu'il se faisait par ces jointures des pertes d'air considérables; en outre, comme on a remarqué que les dégradations avaient presque toujours lieu à l'assemblage des tuyaux, on ne s'est pas contenté de les réunir par des boulons et des écroux, on a recouvert les assemblages d'un anneau de fonte coulé après coup. Au moyen de cette précaution, les tuyaux durent plus long-temps; à l'époque où je visitai l'établissement de la Clyde, il y avait cinq mois que l'appareil n'avait eu besoin de réparations.

On pratique, sur le porte-vent, une petite ouverture *v*, au moyen de laquelle on peut s'assurer à chaque instant du degré de chaleur de l'air; cette précaution est indispensable, parce qu'une condition essentielle dans l'emploi de l'air chaud, est de donner à celui-ci une température constante. Avec ces appareils on élève l'air à 612° Fahr. (322°,2 cent.), température supérieure de quelques degrés à la chaleur nécessaire pour la fusion du plomb.

Dans l'usine de la Clyde, deux des quatre hauts-fourneaux sont desservis chacun par un appareil semblable à celui qui vient d'être décrit, pour les deux autres, l'emplacement ne permettant pas le développement des tuyaux, on a replié deux fois sur eux-mêmes ceux qui ne sont pas chauffés directement.

La conduite des fourneaux marchant à l'air chaud n'exige aucune précaution particulière: la marche de l'opération est exactement la même qu'avant l'introduction de ce procédé; la seule différence consiste dans la substitution de la houille en nature au coke. Cette substitution n'a pas suivi immédiatement l'adoption du nouveau procédé; ce n'est que long-temps après, et seulement lorsque la température de l'air a été portée à un degré supérieur à la fusion du plomb, que cette amélioration immense a eu lieu; c'est aussi à partir de cette époque que les dépenses ont été diminuées dans une si grande proportion. Il paraît, ou du moins c'est l'idée généralement adoptée en Ecosse, que certaines qualités de houille ne peuvent être employées en nature que lorsque l'air est fortement échauffé; nous avons déjà annoncé que dans l'usine de Monkland-Iron-Works, où la température n'est portée qu'à 460° à 490° Fahr. (237°,7 à 254°,4 cent.) on consomme encore du coke.

La descente du fourneau est très-régulière; on charge à des distances à peu près égales, cependant le vide qui se forme au gueulard est le véritable guide du chargeur. La richesse du minerai non grillé, variant depuis 22 jusqu'à 34 pour 100, la composition des charges doit suivre ces variations; lors de ma visite sur l'établissement, la teneur moyenne du minerai était de 44 pour 100, après le grillage, et les charges étaient composées de

660 livres de houille.
520 livres de minerai grillé.
100 livres de calcaire.

On fait ordinairement 40 de ces charges par 24 heures. Pendant les deux jours que nous avons suivi les travaux de l'usine de la Clyde, le nombre des charges a été de

Nombre de charges.

Le 4 juillet	de 6 h. du matin à 6 h. du soir	38.
Id.	de 6 h. du soir à 6 h. du matin	39.
Le 6 juillet	de 6 h. du matin à 6 h. du soir	37.
Id.	de 6 h. du soir à 6 h. du matin	40.

Le rendement du fourneau a été dans les quatre coulées de 4 t. 8 q., 4 t. 9 q., 4 t. 6 q. et 4 t. 12 q., ce qui fait 17 tonnes 15 quintaux pour 154 charges, ou 8 tonnes 17 quintaux $\frac{1}{2}$ par 24 heures.

Il résulte de ces nombres que, moyennement, une tonne de fonte dépense 4856 livres de houille, ou 2 tonnes 8 quintaux $\frac{1}{2}$. La consommation de l'appareil est de 8 quintaux par tonne de fonte, ce qui élève la dépense totale à 2 tonnes 16 quintaux $\frac{1}{2}$, à peu près deux tonnes $\frac{3}{4}$ par tonne de fonte.

Les coulées ont lieu de 12 en 12 heures. La fonte que l'on obtient est ordinairement un mélange de fonte n°. 1 et de fonte n°. 2 : celle qui sort la première du creuset est le n°. 1 ; on distingue ces deux variétés de fonte par la manière dont elles coulent, et surtout par la disposition des stries qui sillonnent la surface du métal à mesure qu'il se refroidit. Les tuyères sont hermétiquement fermées avec de l'argile, et comme elles ne résisteraient pas à la température élevée à laquelle elles sont soumises, on a substitué aux tuyères ordinaires des tuyères à eau semblables à celles en usage

Tuyères à eau.

dans les fineries. La *fig.* 3, *Pl.* X, représente les tuyères employées à la Clyde; elles sont en fonte; leur durée est très-variable, elle est moyennement de 5 à 6 mois.

On bouche les tuyères pour empêcher qu'il ne s'établisse un courant d'air froid qui se précipiterait dans le haut-fourneau; cette disposition n'a du reste aucun inconvénient, parce que la face du vent est maintenant tellement chaude qu'il ne s'y attache point de scories ou de nez et par suite qu'il n'est presque jamais utile de travailler aux tuyères. La température, dans cette partie du fourneau, est d'un blanc très-éclatant; néanmoins il n'y a presque point d'étincelles produites par l'oxidation du fer, et les gouttelettes qui tombent présentent une partie centrale noire, qui montre que la fonte est recouverte d'une petite couche de laitier en fusion.

La flamme qui s'échappe du haut-fourneau est d'un beau rouge, tandis qu'elle est jaunâtre dans les fourneaux alimentés par du coke et marchant à l'air froid. La différence de couleur est presque aussi marquée que celle qui existe entre la flamme que donnent des solutions alcooliques de strontiane et de baryte.

La pression du vent, dans le réservoir à air, est de 2 livres $\frac{1}{2}$ ou 5 pouces de mercure par pouce carré. Elle est sensiblement la même près de la tuyère, seulement le manomètre qui l'indique est sujet à de grandes oscillations. Cette pression était anciennement de 3 livres. L'ouverture de la buse est de 3 pouces; elle était de 2 pouces ½ lorsque les fourneaux marchaient à l'air froid. La quantité d'air lancée dans le fourneau est moins forte; la machine soufflante, dont la force est de 70 chevaux, desservait seulement trois hauts-fourneaux, maintenant elle en alimente quatre avec facilité. D'après les dimensions du cylindre soufflant (1), la quantité de vent qui était

Augmentation de l'orifice des buses.

---

(1) La force motrice nécessaire pour souffler un haut-fourneau n'a pas diminué dans la même proportion que la quantité de vent qui en alimente la combustion. Le frottement que l'air éprouve dans les tuyaux de l'appareil à chauffer l'air, oppose une résistance à son mouvement qui exige une augmentation dans la puissance de la machine; la dilatation de l'air, dont le volume à 322° cent., un peu plus que double de son volume à 10°, serait une cause beaucoup plus puissante que le frottement, si on ne la compensait en élargissant l'ouverture des buses.

On évalue à $\frac{1}{10}$ la force nécessaire pour vaincre le frottement de l'air dans les tuyaux; mais, dans la plupart des usines anglaises, la diminution de la quantité de vent étant de plus de $\frac{1}{4}$ de celle anciennement employée, il en résulte que la puissance de la soufflerie d'un haut-fourneau marchant à l'air chaud, est moins grande que pour le haut-fourneau soufflé par de l'air froid.

Le cylindre de la machine soufflante a 80 pouces de diamètre sur 10 pieds de haut. Le piston est plein, il a un pied de hauteur, sa course est de 7 pieds 6 pouces, et le nombre

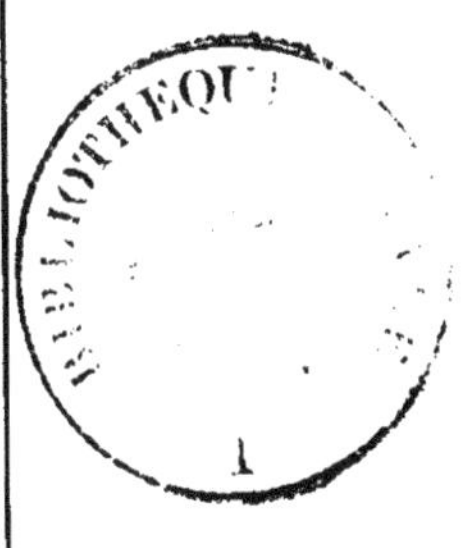

Diminution de la quantité de vent.

de 2827 pieds cubes, par minute, pour les fourneaux alimentés par l'air froid, n'est plus actuellement que de 2120 pieds cubes.

Les fourneaux de la Clyde n'ont subi aucune modification depuis l'introduction de l'air chaud; ils étaient en feu depuis long-temps, lors de l'adoption de cette nouvelle méthode; l'un d'eux est en roulement depuis sept ans, et la régularité de sa marche permet de croire qu'il fournira encore une carrière aussi longue.

Tableau des consommations et produits.

Au commencement de ce rapport, j'ai déjà énoncé l'économie de charbon et de castine qu'on avait obtenue à l'usine de la Clyde, par l'emploi de l'air chaud. Je crois néanmoins utile, pour montrer l'exactitude de ces chiffres, de transcrire un relevé des différentes dépenses de la fonte pendant un mois à l'air froid, et le mois correspondant à l'air chaud. J'ai fait ce relevé sur les livres de fonte qui m'ont été communiqués avec une rare bienveillance.

---

de ses levées est de 18 par minute; il aspire en montant et en descendant. La pression de l'air est de 2 liv. et demie.

La machine à vapeur qui fait marcher la soufflerie est à double effet; le cylindre de cette machine a 10 pieds de hauteur et 40 pouces de diamètre, la course du piston est de 7 pieds 6 pouces; la pression de la vapeur dans la chaudière est de 24 pouces 9 lignes.

Consommations et produits de trois hauts-fourneaux marchant à l'air froid et au coke, pendant le mois de février 1829.

	Coke.	Mine.	Castine.	Fontes no. 1.	Fontes No. 2	Fontes No. 3.	Objets moulés.	Total.
	tonn. q.	tonn. q.	tonn. q.	tonn. q.	tonn. q.	tonn. q.	tonn. q.	tonn. q.
1re sem.	386 »	227 9	68 2	72 13	32 13	18 13	1 13	125 12
2e. sem.	411 10	242 11	72 11	51 19	37 11	47 2	» 6	136 19
3e. sem.	401 »	231 16	70 18	44 16	48 2	38 7	» 3	131 8
4e. sem.	301 10	177 13	53 6	53 »	27 9	25 3	» 0	105 12
(1)	1500 »	879 9	264 17	222 8	145 15	129 5	2 2	499 11

(1) Il faut ajouter la consommation de la machine soufflante, qui a été moyennement d'une tonne de menue houille par tonne de fonte produite.

Consommations et produits de quatre fourneaux alimentés par l'air chaud et la houille, pendant le mois de février 1833.

	Charbon cru.	Mine.	Castine.	Fontes no. 1.	Fontes No. 2.	Fontes No. 3.	Moulage.	Total.
	tonn. q.	tonn. q.	tonn. q.	tonn. q.	tonn. q	tonn. q.		tonn. q.
1re. sem.	516 15	490 7	91 16	81 4	28 15	155 3	»	265 2
2e. sem.	514 «	491 6	91 7	48 8	46 61	161 18	»	257 1
3e. sem.	521 15	486 8	91 8	94 12	59 20	109 8	»	264 »
4e. sem.	470 10	434 12	81 18	75 2	47	102 1	»	224 3
(2)	2023 »	1902 13	356 9	299 6	182 10	528 10	»	1010 6

(2) Consommation de la machine soufflante, moyennement, 11 quint. par tonne de fonte

De l'appareil à chauffer l'air, 8 quint *id.*

Il résulte de l'examen de ces tableaux que, pour une tonne de fonte produite, on consommait :

En 1829 à l'air froid et avec du coke.	t.	q.	t.	q.	En 1833 à l'air chaud à 322°, 2 centig. et à la houille crue.	t.	q.	t.	q.
1°. Houille pour la fusion, 3 tonnes de coke, correspondant à houille. . . .	6	15	7	15	Houille crue. . . .	2		2	19
Pour la machine soufflante (1). .	1				. . . .		11		
Pour l'app. à chauffer l'air.			»	»	. . . .		8		
2o. Minerai grillé 3523 livres, ou			1	15	3780 livres environ. . . .			1	18
Sa teneur moyenne est de 57 pour cent					Sa teneur moy. est de 56 pour cent.				
3o. Castine, 1056 livres.				10 ½	704 livres.				7
La production journalière des fourneaux était									
de 11904 livres, environ.			6		de 18035 livres, environ.			9	

La production journalière s'étant élevée, à l'usine de la Clyde, de 6 tonnes à 9 tonnes, l'introduction de l'air chaud a apporté à la fois une économie dans la consommation de combustible, et dans les dépenses de main-d'œuvre et de frais généraux.

Prix de revient.

Le tableau suivant fait connaître le prix de fabrication de la fonte à ces deux époques.

(1) La machine à vapeur qui met en mouvement la machine soufflante, dépense 20 tonnes de menu charbon par jour; ce charbon coûte seulement 1 scheling 8 pences la tonne.

Prix de revient d'une tonne de fonte à l'usine de la Clyde.

Matières employées.	En 1829 à l'air froid.				En 1833 à l'air chaud.			
	tonn.	q.	fr.	c.	tonn.	q.	fr.	c.
Houille pour la fusion, à 5 schelings (6 fr. 30 c.) la tonne.	6	13	41	89	2	»	12	60
Pour la machine soufflante à 1 schell. 8 pences (2 fr. 05 c.) la tonne.	2	»	2	05	»	11	1	15
Pour l'appareil à chauffer.	»	»	»	»	»	8	2	52
Minerai grillé à 12 schel. (1)(15 fr. 49 c.) la tonne.	1	15	27	07	1	18	29	43
Castine, demi-tonne à 7 schel. (9 fr.) la tonne.		10	4	50	»		3	15
Main-d'œuv. à 10 sch. (12 fr. 60 c).			12	60			8	40
Frais généraux, intérêt du capital, 6 schelings (7 fr. 75 c.).			7	75			5	17
Totaux. . . .			95	86			62	42

Usine de Calder. Cette usine, située à trois milles de Glasgow, sur la route d'Edimbourg, marche depuis plus de trois ans au moyen de l'air chaud; deux fourneaux sont alimentés par des appareils semblables à ceux de l'usine de la Clyde; mais, pour les deux autres, l'air est chauffé au moyen d'un système de petits tuyaux, dont

(1) Ce minerai est très-riche, la teneur moyenne des minerais houillers du bassin de Glasgow est de 44 pour 100 après le grillage; ils coûtent à cet état de 8 schel. 6 pences à 9 schelings la tonne; la dépense du minerai serait alors à très-peu de chose près la même que celle indiquée dans le tableau.

les *fig.* 6, 7, 8 et 9 sont la représentation exacte.

Appareil de Calder.

Cet appareil se compose de deux gros tuyaux horizontaux *ac* et *a'c'* de dix pieds de long, de neuf pouces de diamètre intérieur et d'un pouce ½ d'épaisseur. Neuf petits tuyaux *b* ayant six pouces de diamètre extérieur et trois intérieurement, repliés sur eux-mêmes, à la manière des siphons, sont placés verticalement sur les tuyaux *ac* et *a'c'* dans lesquels ils entrent à frottement au moyen des gorges *d*. Ce système de tuyaux est placé dans un fourneau rectangulaire de 10 pieds de long sur 3 de large et 12 à 15 de haut. L'observation ayant appris que les jointures se détériorent assez promptement, on a construit le fourneau de manière à les garantir de l'action du feu. Les assemblages *mn* des gros tuyaux, sont placés en dehors du fourneau; quant aux assemblages des petits tuyaux sur les gros, on les met à l'abri de l'oxidation par une maçonnerie en briques réfractaires *ef*, qui règne tout le long des gros tuyaux. La flamme, en s'échappant du foyer, se rend donc dans le fourneau par la fente (1) longitudinale

(1) La disposition des hauts-fourneaux de Calder n'a pas permis de donner une largeur plus grande à cette partie du fourneau. Il serait préférable de procurer une large issue à la flamme, ce qu'on obtiendrait en ouvrant l'angle des petits tuyaux.

gh pratiquée dans toute la longueur du fourneau : elle se répand ensuite entre les tuyaux, les enveloppe de tous côtés, et gagne la cheminée au moyen des ouverture *o*, *o*, *o*.

La température de l'air est portée avec cet appareil au-dessus de 612° Fahr. (322°,2 cent.), comme dans les appareils de la Clyde ; la consommation en houille est de 7 quintaux par tonne de fonte produite.

Cet appareil me paraît préférable à celui de la Clyde ; il tient moins de place. Les coudes que présentent les petits tuyaux doivent, il est vrai, faire éprouver des frottemens à l'air qui les traverse, mais cette circonstance paraît n'avoir qu'une légère influence sur son mouvement ; la force que la machine soufflante est obligée d'exercer, n'est pas supérieure à celle de la machine de la Clyde ; la pression du vent est de $2^{l.}\ \frac{3}{4}$ par pouce carré.

Dépense de construction de l'appareil.

La dépense de construction est très-faible. La plus grande partie consiste en fonte qui pourrait être repassée au fourneau dans le cas où l'appareil serait mis hors de service. On peut évaluer à 800 fr., environ, la construction du fourneau ; quant à la fonte, il peut y en avoir sept tonnes, savoir :

1400 à 1500 kilogr. pour les deux gros tuyaux, et 5,000 à 5,400 pour les neuf petits.

En évaluant à 120 fr. la tonne de fonte moulée en tuyaux, ce qui est la moyenne sur les usines qui marchent à la houille, chaque appareil coûterait environ

Maçonnerie.	500 fr.
Ferrement pour le fourneau.. .	300
Fonte.	840

La dépense serait donc environ de 3280 fr. par haut-fourneau. A Calder, on l'estime à 35 liv. sterlings (875 fr.) par chaque tuyère. L'appareil de la Clyde est beaucoup plus coûteux; on peut évaluer à 17 à 18 tonnes la quantité de fonte qu'il nécessite, et le développement de maçonnerie est environ 12 fois plus considérable.

Le travail des hauts-fourneaux de Calder présente les mêmes circonstances que ceux de la Clyde; nous ne les répéterons pas : mais, pour montrer les progrès successifs de l'introduction de l'air chaud, nous allons indiquer :

1°. Les consommations et les produits d'un fourneau de Calder marchant à l'air froid, et consommant du coke;

Consommations à l'air chaud et l'air froid.

2°. Les dépenses et les produits du même fourneau alimenté par l'air chaud à 300° Fahr. (147° 3 cent.) et consommant également du coke;

3°. Les consommations et les produits qui avaient lieu au mois de juillet dernier, avec l'air chaud et la houille crue.

Ces résultats sont extraits du livre de fonte de l'établissement.

Consommations et produits du haut-fourneau n°. 3, en 1828 à l'air froid et au coke.

	Coke.	Min. grillé.	Castine.	Fonte n°. 1.	Fonte n°. 2.	Fonte n°. 3.	Total.
	t. q. d.	t. q. d.	t. q. d.	t. q.	t. q.	t. q.	t. q.
Du 6 janv. au 3 fév.	550 2 »	276 8 »	105 3 »	95 4	39 1	20 3	154 8
Du 3 fév. au 2 mars.	545 1 »	274 5 »	101 » 1	100 1	34 2	18 2	152 5
Du 2 mars au 30. .	575 » 1	295 6 1	108 » »	106 6	44 3	15 14	166 3
	1670 3 1	845 19 1	314 3 1	301 11	117 6	53 19	472 16
Perte du charbon pour être transformé en coke, 55 p. 100.	2041 6 1	563 18 3	Perte du minerai 40 p. 100.				
Houille.	3711 10 »	1409 18 3	Minerai cru.			Pression de l'air, 3 livres 1 quart.	

Consommations et produits du haut-fourneau n°. 3, en 1831, à l'air chaud à 300° F. et au coke.

	Coke.	Min. grillé.	Gastine.	Fonte n. 1.	Fonte n. 2.	Fonte n. 3.	Total.
	t. q. d.	t. q. d.	t. q. d.	t. q.	t. q.	t. q.	t. q.
Du 2 janvier au 16.	189 12 »	120 3 »	52 10 1	57 11	11 »	42 2	110 13
Du 16 janvier au 30.	204 3 »	130 6 »	64 7 »	46 7	» »	27 »	73 7
	393 15 »	250 9 »	116 17 1	103 18	11 »	69 2	184 »
Perte du charbon	481 5 »	166 19 1	Perte du minerai.				
Houille.	875 » »	417 8 1	Minerai cru.			Pression de l'air, 3 livres un dixième.	

Consommation et produit du haut-fourneau n°. 3, pendant 12 semaines, en 1832 et 1833 à l'air chaud et à la houille crue.

	Coke.	Min. grillé.	Castine.	Fonte n°. 1.	Fonte n°. 2.	Fonte n°. 3.	Total.
	t. q. d.	t. q. d.	t. q. d.	t. q.	t. q.	t. q.	t. q.
Du 4 nov. 1832 au 2 décembre 1832. .	406 » »	379 2 »	65 5 »	102 15	62 »	55 10	220 5
24 fév. au 23 m. 1833.	458 8 »	389 6 1	64 7 1	116 10	31 »	52 10	200 »
Du 24 mars au 21 av. 1833.	476 4 »	427 14 1	53 19 1	121 10	36 10	62 »	220 »
	1340 12 »	1166 3 »	183 12 »	340 15	129 10	170 »	640 5
Perte du min. de fer.		797 8 »					
Minerai cru.		1993 10 »	Pression de l'air, 2 livres 3 quarts.				

La comparaison de ces tableaux nous apprend que, pour une tonne de fonte produite, le fourneau n°. 3 consommait :

En 1828 à l'air froid et au coke.	t. q.	En 1831 à l'air chaud à 300° f. et au coke.	t. q.	En 1833, à l'air chaud à 612° f. et à la houille.	t. q. d.
Houille. 7075 de coke, correspondant à 15724 de houille, ou. . .	7 17 »	4279 de coke, corr. à 9510 de h., ou. 4^{t} 15	5 1 » (pour les deux lignes)	Houille crue 4187, ou 2^{t} 2	2 10 » (pour les deux lignes)
Pour chauffer l'appareil.	» » »	éval. à. » 6		. . . . . . » 8	
Minerai grillé 3792, ou. . .	1 18 »	2717 liv., ou	1 7 »	3735 liv., ou	1 17 »
correspondant à Minerai cru 5970, ou.	2 19 ½	4575 liv., ou	2 6 »	6228 liv., ou	3 » »
Castine 1330, ou.	» 13 »	1260 liv., ou	» 12 ½	572 liv., ou	» 5 ½

Nota. Il faut ajouter la consommation de la machine à vapeur.

Ce fourneau a produit par 24 heures.

Fonte 11238 liv., ou.	5 12 ¼	13143 liv., ou	6 13 »	16428 liv., ou	8 4 ¼

La consommation en combustible a donc diminué dans la proportion de 7t. 17q. à 2t. 2q. On remarquera qu'il y a eu également une grande diminution sur la dépense en castine dont la quantité de 13 q. par tonne de fonte en 1828 n'est plus aujourd'hui que de 5 q. et demi. Cette diminution tient, ainsi que je l'ai annoncé, à la haute température que le fourneau acquiert depuis l'emploi de l'air chaud. J'indiquerai à la suite de ce rapport les raisons qui permettent de concevoir cette augmentation de température, augmentation qui est certaine, quoique nous n'ayons pas de moyen de la mesurer.

La quantité de vent a été réduite de 3500 (1) pieds cubes par minute, à 2627 pieds cubes; sa pression a éprouvé peu de variation, de 3 livres un quart, elle est descendue à 2 livres trois quarts.

La dépense de l'appareil varie de 7q. à 8q. par tonne de fonte.

La consommation de la machine soufflante est

---

(1) La machine soufflante employée à Calder est composée de deux cylindres placés au-dessus l'un de l'autre, et ayant le même axe, de sorte que les pistons des deux cylindres sont adaptés sur la même tige; le cylindre supérieur a 50 pouces de diamètre, le cylindre inférieur 7 pieds; la hauteur des cylindres est de 8 pieds; la levée du piston seulement de 7; le piston a 9 pouces d'épaisseur; le nombre de levées est de 16 par minutes.

restée la même; mais comme elle fait marcher un fourneau de plus, et que leur rendement a été porté de 5 t. 12 q. à 8 t. 4 q., elle est réduite par tonne de fonte de 1 t. 4 q. à 14 q. (on brûle seulement de la houille menue).

La consommation de minerai a éprouvé des variations notables, mais les laitiers ne contenant jamais plus de 0,02, à 0,015 de fer, elle dépend de la richesse des minerais, qui varie beaucoup selon que l'on emploie de la mine en rognons (*Ball-Ironstone*) ou de la mine en couche (*Flat-Ironstone*).

A Calder, comme dans l'usine de la Clyde, la production journalière de fonte a été augmentée dans une grande proportion; de 5 t. 12 q., elle a été portée à 8 t. 4 q.: cette circonstance réagit aussi d'une manière puissante sur le prix de fabrication de la fonte qu'on peut établir de la manière suivante, aux deux époques que nous considérons.

Prix de fabrication d'un tonne de fonte à l'usine de Calder.

Prix de revient d'une tonne de fonte

En 1828, à l'air froid et au coke.	tonn. q. d.	fr. c.	En 1833, à l'air chaud à 322° c. et à la houille crue.	t. q. d.	fr c.
1°. Houille. pour la fusion, à 4 schel. 6 pences (5 fr. 66 c.) la tonne	7 17 $\frac{2}{7}$	44 43	A 5 sch. (6 fr. 39 c.) la tonne.	2 2	13 42
Pour la mac. souffl. 1 sch. 8 pence (2 f. 05 c.) la t.	1 4	2 46	......	» 14	1 43
Pour l'appareil......	» »	» »	......	» 8	2 50
2°, Minerai cru, 6 sch. (7 fr. 75 c.) la tonne.....	2 19 $\frac{1}{2}$	23 25	Minerai grillé, à 12 sch. (15 fr. 49 c.) la tonne.	1 17	28 65
Frais de grillage 10 pence. (1 fr. 02 c.) la tonne.	» »	3 15	......	» »	» »
3°. Castine, 7 schel. (9 fr.)	» 13	5 85	......	» 5 $\frac{1}{2}$	2 40
4° Main-d'œuvre à 10 sch. (12 fr. 60 c.) par tonne.	»	12 60	Réduit proportionn. à la prod.	» »	8 45
5°. Frais généraux, intérêts, etc., à 6 sch. (7 fr. 75 c.).	» » »	7 75	*Id.*	» »	5 30
Total.....		199 49	Total...		62 15

Usine dite Monkland Iron-Works, près Airdrie. L'appareil employé dans cet établissement pour chauffer l'air a beaucoup d'analogie avec celui de Calder; il se compose également de deux gros tuyaux et d'un certain nombre de petits tuyaux qui s'emboîtent dans les gros: on a seulement changé leur position relative. Les deux gros tuyaux *ab*, *a'b'*, (*fig.* 4 et 5, *Pl.* 10), ont la forme d'un fer à cheval et sont placés verticalement; les petits tuyaux *c'c*, etc., qui les mettent en communica-

Appareil de l'usine de Monkland.

tion sont horizontaux, ils ont 5 pieds de longueur. Cette différence de position, et surtout le moindre développement des petits tuyaux, ne permet pas de donner à l'air, au moyen de cet appareil, une température aussi élevée que dans les usines de Calder et de la Clyde. A l'époque où j'ai visité l'établissement de Monkland, l'air était chauffé seulement à 450°Fahr.(232° 2 cent.).On se servait encore du coke pour la fusion des minerais.

Les économies en houille et en castine obtenues dans cette dernière usine depuis l'introduction de l'air chaud, sont, à peu près, identiques avec celles que j'ai signalées dans l'usine de Calder, lorsque l'air n'était élevé qu'à 300°Fahr., et qu'on brûlait encore du coke dans les hauts-fourneaux. En effet, avant

Consommations. l'adoption du nouveau procédé, on consommait à l'usine de Monkland, pour obtenir une tonne de fonte, de 7 à 8 tonnes de houille; depuis cette époque, on dépense seulement :

4 tonnes de houille pour les hauts-fourneaux,
6 quintaux pour l'appareil à chauffer l'air,
3 tonnes un quart de minerai cru,
1 demie-tonne de castine.

La production journalière des hauts-fourneaux est actuellement de 6 tonnes.

La pression du vent est de 2 livres 3 quarts, elle était de 3 livres.

La fonte produite dans les trois usines sur lesquelles je viens de donner des détails, est en grande partie destinée au moulage : la fonte n°. 3 est seule transformée en fer ; elle est vendue pour cet usage aux forges de Newcastle.

Nature de la fonte.

Les fontes n°. 1 et n°. 2, quoique destinées toutes deux au moulage, ne sont pas employées indifféremment. La fonte n°. 1 sert principalement pour le moulage des pièces qui doivent être travaillées, comme les cylindres de machines à vapeur, ou celles qui doivent supporter une grande presssion ; la fonte n°. 2, quoique encore très-facile à entamer par l'alésoir, est néanmoins plus dure que la fonte n°. 1 ; aussi elle est employée de préférence pour le moulage des engrenages et des pièces qui exigent une certaine dureté.

Outre les usines sur lesquelles nous venons de donner quelques détails, il existe encore en Ecosse trois autres usines marchant à l'air chaud ; les résultats obtenus dans ces établissemens par l'adoption de ce nouveau procédé sont les mêmes que ceux que nous avons cités, il nous paraît donc inutile de les indiquer dans ce rapport.

Usines des environs de Newcastle upon Tyne.

Le bassin houiller du Northumberland, le plus vaste et le plus riche de la Grande-Bretagne, qui fournit la presque totalité du charbon consommé dans la ville de Londres et sur tout le littoral de la Tamise, ne possède que deux usines à fer; l'une *Birtly Iron-Works*, est située à 6 milles de Newcastle sur la route de Londres; l'autre dite *Tyne Iron-Works*, est placée sur les bords de la Tyne, à 3 milles de la ville. Ce faible développement de l'industrie du fer, dans un pays sillonné dans tous les sens par des chemins en fer, et dans lequel la consommation de la fonte est si grande, est dû à la pauvreté du terrain houiller en minerai de fer. Cette pauvreté est telle que, malgré les recherches les plus minutieuses, il est impossible d'alimenter exclusivement ces deux établissemens avec du minerai houiller; la position de ces usines, sur les bords de la Tyne, les dédommage de cette circonstance défavorable en leur permettant de tirer du Lancashire et du Cornouailles, du minerai de fer à un prix inférieur à celui auquel il revient dans la plupart de nos forges.

Environs de Newcastle

Ces deux usines marchent depuis un an à l'air chaud.

Usine de Birtly.

L'usine de *Birtly*, construite seulement depuis trois ans, se compose de deux hauts-fourneaux de 45 pieds de hauteur, de 4 fourneaux à réverbère et de plusieurs cubilots (fourneaux à la Wilkinson). Toute la fonte produite par cet établissement est destinée au moulage.

L'appareil pour chauffer l'air employé dans cette usine, ne produit pas de résultats assez avantageux pour que j'en donne le dessin ; il consiste en un tuyau plié cinq fois sur lui-même à angle droit, et disposé de manière que la coupe en travers présente cinq cercles, dont quatre ont pour centres les angles d'un parallélogramme rectangle, et le cinquième le point où se coupent ses deux diagonales. Ces tuyaux sont placés horizontalement et réunis les uns aux autres par des oreilles qui portent des boulons et des écrous.

Forme de l'appareil.

Le diamètre intérieur de ces tuyaux est de 14 pouces ; ils ont 15 lignes d'épaisseur ; le développement de la partie chauffée est de 50 pieds ; les tuyaux sont placés horizontalement dans un fourneau rectangulaire un peu moins long que les tuyaux, afin que les jointures et les parties coudées ne soient pas exposées à l'action du feu.

La chaleur de l'air, en sortant de cet appareil, ne dépasse pas 400° Fahr. (204°,4 cent.) ; on la mesure constamment avec un thermomètre à mercure. La dépense de cet appareil, correspondante à la production d'une tonne de fonte, est de 6 quintaux de gros charbon.

La pression du vent est d'une livre et demie ; elle était la même avant l'introduction de l'air chaud : la quantité de vent est un peu moindre, on en donne maintenant davantage aux Wilkinson.

Les charges du fourneau se composent :

700$^{liv.}$ de coke (la houille donne 45 pour 100 de coke),
650 de minerai grillé (composé d'un mélange en parties égales de minerai houiller et de fer oxidé rouge du Lancashire,
400 de castine.

D'après le registre de fonte, on avait fait dans le fourneau n°. 1,

Consommations.

Le 10 juillet.	40	charges ou 40 moyennement.
Le 11 juillet.	42	
Le 12 juillet.	38	

Ce même fourneau a produit, dans ces trois jours, la quantité de 23 tonnes 11 quintaux de fonte, ou 7 tonnes 17 quintaux par jour. En calculant d'après ces données, on trouve qu'une tonne de fonte consomme à Birtly :

4 tonnes de houille pour la fusion,
6 quint. de houille en gros morceaux pour l'appareil,
1 tonne 13 quint. de minerai grillé.
1 tonne de castine.

La quantité de castine employée est très-considérable, ce qui tient à ce qu'elle est chargée de beaucoup d'eau, c'est de la craie marneuse qui provient des bords de la Tamise. Elle est rapportée en lest par les bâtimens qui font le commerce de la houille.

Le mélange de minerai grillé contient 60 pour 100 de fer.

Pour apprécier l'économie qui est résultée, à l'usine de Birtly, de l'emploi de l'air chaud, il serait nécessaire de connaître exactement les consommations que nécessitait une tonne de fonte avant l'introduction de ce nouveau procédé. Je n'ai pu me procurer ces renseignemens; mais M. J. Hunt, directeur de l'établissement, m'a assuré qu'on dépensait alors 7 tonnes de houille.

Si on compare ces résultats avec ceux obtenus en Ecosse, on trouvera que les consommations à Birtly correspondent à peu près à celles de Calder en 1831, lorsque la température de l'air n'était portée qu'à 300° Fahr. (148°,8 cent.), et qu'on brûlait encore du coke. A Newcastle le prix de la houille s'oppose à son emploi en nature, attendu qu'il faut pour cet usage se servir de houille en gros morceaux, et que cette qualité de charbon coûte 7 fr. 05 c. la tonne, tandis que le menu ne vaut que 2 fr. 15 c. Il serait néanmoins avantageux de donner à l'air une température plus élevée.

Usine de la Tyne.

(*Usine dite Tyne-Iron-Works.*) Les consommations dans cette usine, correspondantes à une tonne de fonte, sont à peu près les mêmes qu'à Birtly; mais il existe une différence importante entre ces deux établissemens, c'est que, à Tyne-Iron-Works, une grande partie de la fonte est transformée en fer. Ce fer, de qualité supérieure, est presque exclusivement destinée à la fabrication de la tôle forte avec laquelle sont faites les chaudières des machines à vapeur. C'est dans les mêmes fourneaux et avec les mêmes minerais qu'on fabrique ces deux variétés de fonte; il suffit de modifier les proportions relatives de minerai et de coke.

Fonte pour fer.

Cubilot

Dans l'établissement qui nous occupe, les cubilots ou fourneaux à la Wilkinson sont également soufflés à l'air chaud; leur consommation est de 225 livres de coke pour une tonne de fonte moulée. Ces fourneaux n'ayant été construits que depuis l'adoption de l'air chaud, on n'a pas de résultats comparatifs.

Environs de Manchester et de Liverpool.

Usine d'Apedale.

Les usines dites *Rant-Iron-Works*, près Wrexham dans le Flintshire, d'*Apedale*, de *Laneend*, de *Silverdale*, près Newcastle Under-Lyne (Staffordshire), ont adopté le procédé de l'air chaud. Les appareils en usage dans ces différens établissemens ont une grande analogie avec l'appareil à petits tuyaux représenté dans la *Pl. X*, *fig.* 7 et 8. A Apedale il est exactement le même; les résultats obtenus depuis l'introduction de l'air chaud sont presque identiques avec ceux de l'usine de Calder.

La chaleur de l'air est portée à Apedale de 600° à 612° Fahr. (315° à 322°,2 cent.)

La consommation en houille, autrefois de six tonnes par tonne de fonte, est maintenant réduite à trois tonnes un quart (1). On emploie encore du coke, la houille étant sulfureuse; la dépense de l'appareil est de sept quintaux par tonne de fonte produite.

La quantité de castine est également beaucoup diminuée; sa proportion est maintenant de quatre quintaux par tonne de fonte.

Au mois de juillet dernier, lorsque je visitai l'usine d'Apedale, un seul fourneau était en feu; il y avait cinq ans qu'il marchait, et depuis dix-huit mois on y avait appliqué l'air chaud.

Depuis cette époque, la production de ce fourneau a été portée de 6 tonnes à 7 tonnes par jour. La fonte qu'il produit est presque complétement de la fonte n°. 1, tandis qu'avant l'introduction de l'air chaud il donnait à peu près parties égales de fonte n°. 2 et de fonte n°. 3; cette dernière était revendue pour être transformée en fer.

---

(1) Les compositions des charges à Apedale sont :
300$^{\text{liv.}}$ de minerai grillé.
500$^{\text{liv.}}$ de coke : la houille donne 50 pour 100 de coke.
60$^{\text{liv.}}$ de castine (calc. de transition).
On fait 36 à 40 charges par 24 heures.

Une usine des environs de Newcastle, appartenant à M. Furmstone, a abandonné le procédé de l'air chaud. J'aurais désiré connaître la cause de cet abandon; mais j'ai appris cette circonstance trop tard pour pouvoir visiter cette usine.

Environs de Derby.

Le bassin houiller de Derby, prolongement de celui de Sheffield, possède plusieurs grandes usines à fer; trois de ces établissemens, *Butterley-Iron-Works*, *Codnor-Park* et *Alpdon*, ont adopté le procédé de l'air chaud. J'ai visité les deux premières qui appartiennent à M. Jessop, l'un des maîtres de forges les plus instruits de l'Angleterre. Les appareils employés dans chacun de ces établissemens diffèrent de ceux que j'ai déjà décrits; ils présentent en outre entre eux des différences essentielles. Ces circonstances m'engagent à les faire connaître, quoique les résultats qu'ils donnent soient moins avantageux que ceux obtenus dans l'appareil à petits tuyaux de Calder.

Usine de Butterley.

Butterley-Iron-Works. Cette usine renferme trois hauts-fourneaux. La fonte qu'ils produisent est destinée au moulage, soit de première, soit de seconde fusion. Un seul fourneau était en feu à l'époque où je visitai le Derbyshire.

L'air qui alimente la combustion de ce fourneau est chauffé au moyen d'un appareil placé à chaque tuyère : ces appareils se composent (*Pl. XI*, *fig.* 11 *et* 12) de trois gros tuyaux *A*, *B*, *C*, de 27 pouces de diamètre intérieur, placés horizontalement les uns au-dessus des autres, et séparés chacun par des voûtes plates *m n*, *m' n'*. Ces tuyaux, réunis deux à deux par des tuyaux coudés *d e*, *d' e'*, présentent des plis droits comme le tube d'une trombone. L'air, au sortir de la machine soufflante, entre dans l'appareil par le tuyau *c* et sort en *g*, après avoir parcouru successivement la longueur des trois tuyaux. Les jointures sont placées extérieurement au fourneau proprement dit ; pour empêcher que l'air ne se refroidisse en traversant ces parties coudées, on les entoure d'une chemise de briques.

Forme de l'appareil.

Les tuyaux coudés qui établissent la communication entre les tuyaux horizontaux sont plats ; ils portent des oreilles et sont réunis au moyen de boulons et d'écrous ; les tuyaux ont un pouce et demi d'épaisseur ; ils reposent sur des taquets en briques *t*, *t* placés de distance en distance sur les voûtes plates *m n*, *m' n'* ; cette disposition permet à la flamme d'envelopper les tuyaux de tous côtés. Le premier tuyau *A* n'est pas exposé immédiatement à l'action du feu ; il est séparé de la grille par une voûte qui règne dans toute la longueur de l'appareil, et qui laisse passer la flamme par des carneaux *o,o*. Les cloisons *mn* portent des ouvertures *p* et *q* placées aux extrémités opposées du fourneau, de manière à forcer la flamme à traverser le fourneau dans toute sa longueur avant de s'échapper d'un étage à l'autre.

Toutes les voûtes sont en briques réfractaires; elles ont une brique d'épaisseur.

La dépense de cet appareil est de 62 quintaux de houille par tonne de fonte.

L'air est élevé dans cet appareil à la température de 360 degrés Fahr. (182°,2 cent.). Malgré cette faible température, la consommation de charbon a diminué dans une grande proportion, ainsi qu'il résulte du rapprochement des nombres ci-dessous.

Consommations et produits, pendant la première semaine de juillet 1830, *du fourneau n°*. 2, *marchant à l'air froid:*

159 tonnes 5 quint. de coke correspondant à
218 tonnes 10 quint. de houille,
109 tonnes 17 quint. de minerai,
35 tonnes de castine.

Production

83 tonnes de fonte.

Consommations et produits du fourneau n°. 2 alimenté par de l'air chaud, le 17 juillet 1833

On a passé dans le fourneau 41 charges composées chacune de

Consommations et produits.

Houille en nature. . . .	9 quint.
Minerai grillé.	9 quint.
Castine.	3 quint.

La moyenne de la première quinzaine de juillet a été de 40 charges par jour et de 7 tonnes de fonte produite.

En comparant d'après ces données les consommations à ces deux époques, une tonne de fonte exigeait :

En 1830, à l'air froid et au coke.	tonn.	q.	En 1833, à l'air chaud et à la houille.	onn.	q.	
Houille	5 . . .	16	. . .	2	18	y compris la dé-
Minerai.	3 . . .	»	. . .	2	11	pense de
Castine.	1 . . .	»	Env.	1		l'appareil.

Pour avoir la dépense totale de combustible, il faudrait ajouter la consommation de la machine soufflante, sur laquelle je n'ai aucune donnée précise; mais cette dépense doit avoir diminué proportionnellement à l'augmentation du rendement du fourneau.

Il est donc résulté de l'adoption du procédé de l'air chaud à Butterley une économie de moitié sur la dépense en combustible. Quant à la consommation en castine, elle est restée la même; cette forte proportion de chaux est nécessitée par la nature sulfureuse du minerai.

Diminution dans la quantité de vent.

La quantité de vent, qui était de 2500 (1) pieds cubes par minute, n'est plus que de 2160 pieds cubes.

La pression du vent est de 2 livres et demie; elle n'a éprouvé aucune variation. L'ouverture des buses a été portée de 2 pouces et demi à 3 pouces.

La fonte produite, est de la fonte noire pour moulage.

Usine de Codnor-Park.

(*Usine de Codnor-Park.*) Cette usine est composée de trois hauts-fourneaux, de trois fineries, et du nombre de fourneaux à réverbères nécessaire pour transformer toute la fonte produite en fer métallique. Les hauts-fourneaux marchent

---

(1) La machine soufflante alimentait seulement 2 hauts-fourneaux, elle donne maintenant le vent à trois. Il est vrai que, pour obtenir assez de vent pour les trois hauts-fourneaux, il a fallu augmenter légèrement le diamètre du cylindre. Lorsque la machine ne servait qu'à deux fourneaux, ses dimensions étaient : diamètre, 70 pouces; hauteur de la levée, 8 pieds; nombre de coups par minute, 13; actuellement le cylindre a 80 pouces de diamètre. La levée du piston et le nombre de coups par minute sont restés les mêmes.

depuis un an à l'air chaud et à la houille crue. La substitution de l'air chaud a produit dans l'usine de Codnor-Park une économie de combustible analogue à celle que nous venons de signaler dans les hauts-fourneaux de Butterley; il suffit maintenant de 2 tonnes 9 quintaux de houille pour obtenir une tonne de fonte, tandis qu'avant l'emploi de l'air chaud, la consommation s'élevait à 5 tonnes. On fera remarquer que la dépense en houille a toujours été un peu moins grande à Codnor-Park qu'à Butterley (1), circonstance en rapport avec la nature de la fonte obtenue dans ces deux usines. La différence de consommation serait beaucoup plus sensible si on employait la même qualité de houille, mais on brûle à Codnor-Park de la houille tendre (soaft coal), tandis qu'à Butterley on se sert de cherry-coal, qui résiste beaucoup mieux à l'action du vent.

Consommations.

Forme de l'appareil.

L'appareil employé à Codnor-Park pour chauf-

(1) *A l'air froid.*

	A Butterley.	A Codnor.
	5 tonnes 16 quint.	5 tonnes.
	A l'air chaud.	
	2 tonnes 12 quint.	2 tonnes 9 quint.
Pour l'appareil	6	6
Total.	2 tonnes 18 quint.	2 tonn. 15 quint.

fer l'air est composé de deux tuyaux A, B (*Pl. XI*, *fig.* 13 et 14), placés l'un au-dessus de l'autre, et dans lesquels sont adaptés des petits tuyaux *a* et *b*, ayant les mêmes axes que les tuyaux A et B. Ces différens tuyaux sont réunis par des coudes, de telle façon que l'air, au sortir de la machine soufflante, arrive dans le tuyau intérieur *b*, se répand dans l'espace annulaire *cd* compris entre les tuyaux B et *b*, passe ensuite dans le second tuyau intérieur *a*, et se rend dans le fourneau en traversant la seconde surface annulaire A.

Cette disposition de doubles tuyaux l'un dans l'autre a été adoptée pour remédier à un inconvénient grave, que l'on a éprouvé à Butterley ; inconvénient que présentent en général les tuyaux d'un grand diamètre, dans lesquels l'air s'échauffant inégalement détermine un courant d'air froid suivant l'axe des tuyaux, ce qui rend impossible de porter l'air à une température élevée.

Les tuyaux A et B sont en fonte, ils ont 30 pouces de diamètre extérieur, et 27 intérieurement. Les petits tuyaux *a* et *b* sont en tôle de six lignes d'épaisseur, ils ont 18 pouces de diamètre intérieur.

La disposition du fourneau est exactement la même qu'à Butterley, les *fig.* 13 et 14 en donnent une idée exacte.

L'air est échauffé au moyen de cet appareil à

400° Fahr. (204°,4 cent.). La consommation est de 6 quintaux par tonne de fonte.

Nous avons déjà annoncé que toute la fonte produite à Codnor-Park était transformée en fer; ce fer est employé dans les ateliers même de M. Jessop, à la construction de différentes machines; il sert également à la fabrication de la tôle forte, pour les chaudières de machine à vapeur, usages qui exigent du fer de très-bonne qualité.

Environs de Birmingham.

L'emploi de l'air chaud commence à peine à s'introduire dans les nombreuses usines du Staffordshire; l'opinion encore accréditée que la fonte obtenue par ce procédé ne donne que du fer de mauvaise qualité, en a retardé l'essai jusqu'au commencement de cette année; une seule usine, près de Wenesbury, appartenant à MM. Lloyd, Forster et comp., marche à l'air chaud; le succès obtenu dans cet établissement commençe à se répandre, et, lors de mon passage à Birmingham, trois autres usines se mettaient en mesure de faire des essais semblables. Usine de Wenesbury.

L'appareil employé dans l'établissement de M. Forster, est placé au-dessus du gueulard : c'est, je crois, le seul de cette nature qui existe en Angleterre; il se compose d'un solide annulaire pyramidal (*Pl. XI, fig.* 15 et 16), ABCD, et d'une série de petits tuyaux *t* qui s'avancent dans le fourneau.

Appareil placé au-desssus du gueulard.

La surface intérieure *abcd* du solide annulaire, composée d'un long cylindre en fonte de 4 pieds de diamètre et de 12 pieds de hauteur, remplace la cheminée qui surmonte ordinairement le gueulard; la surface extérieure de ce même solide présente la forme d'une pyramide à 8 faces; elle est composée de plaques de tôle clouées ensemble à la manière des chaudières à vapeur; son diamètre au milieu de la hauteur est de 6 pieds, d'où il résulte que le vide annulaire a moyennement deux pieds de largeur. Pour garantir la surface extérieure de cet appareil du contact de l'air, elle est recouverte d'une enveloppe de briques.

Le vent, au sortir de la machine soufflante, est porté au haut du fourneau, et se répand dans un tuyau circulaire *e, e, e,* placé à la hauteur du gueulard. Il se divise ensuite dans huit tuyaux verticaux *fg* élevés devant les faces de la pyramide, et qui sont adaptés sur le tuyau circulaire; enfin chacun des tuyaux verticaux communique avec six petits tuyaux *t*, qui traversent horizontalement la surface annulaire, et se prolongent jusque dans l'intérieur même du gueulard. Cette partie des tuyaux *t* entre dans des tuyaux *t'*, fermés à leur extrémité de telle façon, que l'air dans son mouvement est forcé de se répandre dans la surface annulaire. Ces différens tuyaux sont en fonte; la réunion des tuyaux *t* sur les tuyaux de distribution *fg* a lieu au moyen de manches en cuir *t''*.

L'air, après s'être échauffé dans les tuyaux *t'*, et dans la surface annulaire ABCD, *abcd*, redescend vers les tuyères au moyen du porte-vent *v* : pour empêcher l'air de se refroidir dans ce long trajet, on a placé le porte-vent dans la cheminée de la machine à vapeur, distante seulement de 12 ou 15 pieds. Une espèce de pont en brique *hi* réunit cette cheminée au gueulard du fourneau.

Malgré ces précautions, l'air acquiert dans cet appareil une température qui ne dépasse pas 360 Fahr. (182°, 2 c.). Pour lui donner une température plus élevée, il faut le chauffer de nouveau dans un foyer placé à quelques pieds de l'embrasure du fourneau.

La consommation de ce foyer est à peu près de 4 quintaux par tonne de fonte.

Cet appareil a coûté fort cher à établir, et il exige des réparations fréquentes; la faible économie de charbon qu'il produit (environ 3 quintaux (1) par tonne de fonte) est plus que compensée

---

(1) La consommation moyenne des appareils à chauffer l'air s'élève à 7 quintaux par tonne de fonte produite.

par les dépenses de construction et d'entretien, et surtout par les arrêts nombreux qui résultent des réparations presque journalières.

L'introduction de l'air chaud a produit, dans l'établissement de MM. Forster et comp., des économies semblables à celles que nous avons signalées dans presque toutes les usines où ce procédé est actuellement adopté : une tonne de fonte exigeait encore en 1831, 3 tonnes de coke, ou 5 t. 9 q. de houille. Aujourd'hui la même quantité de fonte ne consomme que 2 t., 14 q. de charbon, ainsi qu'il résulte du relevé suivant :

Consommations et produits.

Le 20 juillet, on a passé au fourneau 40 charges composées de

10 quintaux de houille en nature,
9 quintaux de minerai grillé,
6 quintaux de castine.

On a obtenu 8 tonnes de fonte; chaque tonne de fonte a donc consommé

	t.	q.	t.	q.
Houille pour la fusion.	2	10	2	14
pour l'appareil à chauffer.	»	4		
Minerai grillé.			2	5
Castine.			1	10

La consommation en castine est considérable, ce qui tient à la nature sulfureuse des minerais; les laitiers qui proviennent de ce fourneau sont cristallins, et dégagent une forte odeur de soufre.

Avant l'introduction de l'air chaud, la production des fourneaux était seulement de 6 tonnes par jour. On a donc obtenu, outre l'économie de charbon, une diminution sur les frais généraux et de main-d'œuvre. La quantité de vent n'a point éprouvé de changement, seulement on a été obligé d'agrandir les ouvertures des buses; de 2 pouces 9 lignes, elles ont été portées à 3 pouces 6 lignes.

Une partie de la fonte produite dans l'établissement de MM. Forster est destinée au moulage, l'autre est transformée en fine-métal. La même coulée donne les deux espèces de fonte; celle qui sort la première du creuset, et qui par suite en occupe le fond, est de la fonte n°. 1, la partie supérieure du bain donne le n°. 2. On distingue ces deux espèces de fonte à la manière dont elles coulent, et aux stries qui se produisent sur leur surface lorsqu'elles se refroidissent.

Usines du pays de Galles.

Usines du pays de Galles.

Il n'existe dans le pays de Galles que deux usines qui marchent au moyen de l'air chaud, celle de *Warteg* et *Blaen-avon-Works*, à 10 milles d'Abergaveny. Aucune des usines de Myrthir-tidvil n'emploie ce procédé, quoique cependant on ait fait dans plusieurs d'entre elles, et notamment à *Dowlais* et à *Pen-y-darran*, des essais pour l'introduire; l'abandon de l'air chaud, dans un pays si riche en forges, et dans lequel les propriétaires sont constamment occupés de perfectionnemens, a fait naître beaucoup de doutes sur la réalité des avantages qui résultent de cette nouvelle méthode. Les moins incrédules ont pensé que, si effectivement l'air chaud avait apporté une économie considérable dans les usines d'Ecosse où l'on obtenait de la fonte de moulage, ce procédé n'était pas susceptible d'être employé pour la fonte destinée à la fabrication du fer; les exemples que fournissent les usines de Newcastle, de Codnor-Park et Wenesbury, dans lesquelles on fabrique du fer de très-bonne qualité, prouvent que cette opinion n'est pas fondée. On doit attribuer l'abandon de ce procédé dans le pays de Galles, en partie à la mauvaise disposition des appareils, mais surtout à ce que la faible économie qui en résulterait depuis l'emploi du charbon en nature serait presque compensée par les droits du brevet. Pour faire apprécier ces raisons, il est nécessaire que j'entre dans quelques détails sur les dépenses de fabrication de la fonte dans ce pays.

Causes de l'abandon de l'air chaud.

D'après le peu de renseignemens que j'ai recueillis sur les expériences faites, soit à Dowlais, soit à Pen-y-darran, il paraît que les appareils, d'une construction vicieuse, ne permirent pas de donner à l'air une température supérieure à 300° Fahr. (148°,8 cent.).

Malgré cette faible température, on essaya avec succès la substitution de la houille en nature au coke; un accident arrivé à l'appareil et qui obligea de suspendre, pendant plusieurs jours, l'emploi de l'air chaud, apprit bientôt qu'on pouvait, sans inconvénient, se servir de houille crue, même à l'air froid. L'économie qui résulta de cette substitution fut telle, qu'on ne crut pas possible d'en obtenir une plus grande, et l'on ne répara pas l'appareil, qui était à peu près hors de service; depuis ce moment, presque tous les fourneaux du Pays de Galles consomment de la houille crue; quelques-uns seulement emploient un mélange de houille et de coke; le tableau suivant fait connaître la quantité de houille actuellement nécessaire pour obtenir une tonne de fonte.

A Pen-y-darran (1).				Dowlais.			Caer Fartha			Plymouth works.	
	t.	q.	d.	t.	q.	d.	t.	q.	d.	t.	q.
Houille.	2	9	»	2	14	»	2	13	½	2	13
Minerai grillé. .	2	4	»	2	9	»	2	6	½	1	16
Cinders.	»	2	½	»	»	»	»	»	»	»	»
Castine.	»	19	½	»	13	»	»	16	»	»	»

On doit ajouter la quantité de houille dépensée

(1) J'ai suivi les travaux de Pen-y-darran deux jours consécutifs; on a passé dans le fourneau, pendant ce temps, 180 charges, ou 90 charges par jour, savoir :

par les machines soufflantes; je la supposerai la même dans toutes les usines; elle varie de 5 à 6 quintaux.

La quantité de houille consommée dans ces différentes usines est donc moyennement de

---

Le 24 juill., de 6 h. du matin à 6 h. du soir	42 charg.
Id. de 6 h. du soir à 6 h. du matin	46
Le 25 juillet le matin.	48
Id. le soir.	44
	180 charg.

On a obtenu le 24, 10 tonn. 18 quint. de fonte.
le 25, 11 tonn. 1 quint.

Chaque charge était composée de

5 weight de houille de 120 livres chaque.	600 liv.
4 weight et demi de minerai grillé.	540
Cinders (1), 1 charge sur 4.	30
2 weight de calcaire.	240

On jette ordinairement 3 charges dans ce fourneau, ce qui réduit à 30 le nombre réel de charges. En calculant d'après ces données, on trouve les nombres indiqués ci-dessus.

Je joins à ces détails, sur le travail journalier des hauts-fourneaux du pays de Galles, les dépenses de fabrication de la fonte et du fer dans ce comté. Ces nombres, sur l'exactitude desquels on peut compter, m'ont été communiqués par un des propriétaires des usines de Mertir-

(1) Les cinders sont les scories qui proviennent du travail du fer ; on ajoute au minerai une certaine quantité de celles qui tombent près des cylindres, lorsqu'on passe le fer au laminoir ou des scories qui proviennent du fourneau à réchauffer (heating furnace).

2 tonnes 10 quintaux pour une tonne de fonte. L'économie que l'emploi de l'air chaud pourrait

---

tidvil, et j'ai été à même de vérifier les données qui se rapportent aux matières premières.

Fabrication de la fonte dans le pays de Galles.

		l.	sch.	p.	fr.	c.
1°.	Minerai 5 weight de minerai cru, de 120 liv. chaque, à 11 sch. la tonne (1).	1	10	9	37	95
2°.	Houille 10 barrous de coke = 53 q. de charbon, à 3 sch. 7 p. la ton.	0	9	1	11	44
3°.	Castine 18 q. de calcaire, à 3 sch. la tonne.	0	2	7	2	62
4°.	Main-d'œuvre, 4 sch. 7 pence la tonne.	0	4	7	5	74
5°.	Frais généraux, 3 sch. .	0	3	0	3	78
	Prix d'une tonne de fonte. . .	2	10	0	61	53

Fabrication du fer.

La transformation de la fonte en fer exige trois opérations :

a. Fabrication du fine-métal. On dépense, pour une tonne de fine-métal. . . . . 23 q. de fonte.

b. Puddlage. On dépense pour une tonne de fer puddlé. . . . . 22 q. de fine-métal.

c. Soudage et forgeage du fer puddlé On dépense pour une tonne de fer en barre. . . . . 22 q. de fer puddlé.

(1) La tonne du pays de Galles est de 2090 livres.
Le quintal de. . . . . 104 l. 5.

apporter dans la consommation de la houille serait, je crois, au plus du tiers de la dépense

a. Fabrication du fine-métal.

	l.	sch.	p.	fr.	c.
1°. Fonte, 23 q. à raison de 50 sch. la tonne	2	17	6	72	45
2°. Houille, 15 baskets, faisant 53 q., à 3 sch. 7 p.	0	1	0 ½	1	31
3°. Main-d'œuvre	0	2	1 ½	2	67
4°. Frais généraux	0	2	4	2	94
Prix d'une tonne de fine-métal	3	3	0	79	37

b. Puddlage.

	l.	sch.	p.	fr.	c.
1°. Fine-métal, 22 q. à 63 sch. la tonne de 2090	3	9	4	87	34
2°. Houille, 16 weight, de 120 liv. chaque, à 3 sch. 7 p.	0	2	9	3	47
3°. Main-d'œuvre	0	8	6	10	71
4°. Frais généraux	0	2	5	3	02
Prix de fabrication d'une tonne de fer grossier (rough bars)	4	3	0	104	54

c. Fabrication du fer marchand.

	l.	sch.	c.	fr.	c.
1°. Fer grossier, 22 q. à 83 sch.	4	11	3 ½	115	23
2°. Houille, 11 weight et demi de 120 livres chaque, à 3 sch. 7 p.	0	1	11 ½	2	46
3°. Main-d'œuvre	0	5	6	6	93
4°. Frais généraux	0	2	3	2	83
Prix de fabrication d'une tonne de fer marchand (1)	5	1	0	127	25

(1) Dans quelques usines, ce prix s'élève jusqu'à 5 liv. 10 sch. = 138 fr. 60 c. Cette différence tient aux dépenses de frais généraux qui arient suivant la nature des baux.

actuelle, ou 17 quintaux, de laquelle il faudrait retrancher la dépense de l'appareil qu'on peut évaluer environ à 6 quintaux. L'économie effective ne serait donc que de 11 quintaux; la tonne de houille revenant à 3 schellings 7 pence (4 fr. 51 c. dans le pays de Galles, la diminution dans la dépense serait seulement de 2 fr. 48 c., et comme le brevet coûte 1 fr. 25 c., elle se réduirait à 1 f. 23 c. Cette économie, très-légère en elle-même, serait surtout peu sensible dans un pays où le bon marché des matières premières permet de fabriquer la fonte à un prix inférieur à celui auquel elle revient dans les forges des autres provinces de l'Angleterre.

Je crois donc qu'il ne faut pas conclure de la non-adoption de l'air chaud dans les usines du pays de Galles, que ce procédé n'apporterait aucune diminution dans la consommation de charbon; tout me porte, au contraire, à penser qu'il y aurait économie comme dans les autres usines où cette méthode est en usage; mais il est évident que la dépense en houille étant très-faible dans le pays de Galles, l'économie ne serait pas aussi marquée que dans les forges d'Ecosse.

Usine de Warteg.

L'usine de Warteg, dont nous avons parlé au commencement de ce paragraphe, vient à l'appui de cette opinion; dans cet établissement, l'appareil à chauffer l'air n'a qu'un faible développement de tuyaux, de sorte que l'air ne peut y acquérir une température supérieure à 400° Fahr. (204°,4 cent.); la houille très-grasse et qui perd 55 pour cent, dans la fabrication du coke, n'est pas susceptible d'être employée en nature dans le fourneau, du moins avec la faible température à laquelle l'air est élevé : il résulte de ces deux circonstances, que l'économie obtenue dans cette usine n'est pas aussi grande que dans les hauts-fourneaux d'Ecosse; elle est comparable à l'économie qui a eu lieu dans ce pays lorsque les appareils étaient moins perfectionnés, et qu'on brûlait encore du coke; néanmoins, la diminution du prix de revient est encore notable; en effet, avant l'introduction de l'air chaud, une tonne de fonte consommait 2 tonnes de coke (1), correspondantes à 4 tonnes 3 quintaux de houille; la consommation en coke est encore d'environ 2 tonnes; mais la houille n'ayant pas besoin d'être complétement carbonisée, ces 2 tonnes de coke représentent seulement 3 tonnes de houille.

La production a été augmentée de 6 tonnes à 8 tonnes de fonte par 24 heures.

---

(1) Ces nombres m'ont été indiqués par M. Kenrich, l'un des propriétaires de l'usine de Warteg; je n'ai eu aucun moyen de les vérifier, n'ayant passé que peu d'heures sur cet établissement.

Emploi de l'air chaud dans les cubilots.

Il existe plusieurs cubilots ou fourneaux à la Wilkinson, dans lesquels la combustion est alimentée par un courant d'air chaud. Le peu d'attention qu'on apporte, en Angleterre, à la consommation de la houille répandue presque partout avec une si abondante profusion, fait qu'on se donne rarement la peine de peser la quantité de coke jetée dans les cubilots. Cette circonstance m'a empêché de constater par moi-même les avantages qui résultent de ce nouveau procédé; je crois néanmoins utile de faire connaître le peu de renseignemens que j'ai recueillis à ce sujet. Je donnerai aussi la description de deux appareils adaptés aux gueulards des cubilots.

Cubilots près de Newcastle.

Dans l'usine de Tyne-Iron-Works, que j'ai déjà citée en parlant des forges des environs de Newcastle, il existe deux cubilots qui marchent à l'air chaud. Ils sont alimentés par le même appareil qui fournit l'air aux hauts-fourneaux. Ces cubilots sont circulaires; ils ont 5 pieds et demi de haut, et 30 pouces de diamètre intérieur. Construits intérieurement en briques réfractaires, ils sont formés extérieurement d'un cylindre en fonte : ils reçoivent le vent par deux buses placées l'une au-dessus de l'autre, et ayant chacune 2 pouces 3 quarts de diamètre.

D'après les renseignemens que l'un des propriétaires a eu la complaisance de me donner, la consommation de ces fourneaux est de 280 livres de coke pour une tonne de fonte moulée. On y fond moyennement une tonne de fonte par heure. Ces cubilots ont été construits seulement depuis l'adoption du procédé de l'air chaud.

Cubilot de Wenesbury.

A Wenesbury, dans l'usine de MM. Lloyd, Forster et comp., les fourneaux à la Wilkinson sont rectangulaires; ils ont environ 7 pieds de haut, et leur vide intérieur a 36 pouces sur 30. Le vent est donné par deux buses ayant 3 pouces de diamètre; on fond, dans ces fourneaux, une tonne de fonte par heure, et chaque opération dure 20 minutes. La consommation de coke est de 260 livres par tonne de fonte; avant l'adoption de l'air chaud on consommait 400 livres de coke pour la même quantité de fonte. L'influence la plus grande de l'air chaud, dans les cubilots, est sur la durée de l'opération; une fonte qui a lieu maintenant en vingt minutes, en demandait quarante avant l'adoption de ce procédé.

Il résulte des consommations que je viens de citer à Wenesbury, qu'un quintal de fonte, qui exigeait à l'air froid 20 livres de coke, n'en consomme plus que 13, depuis que les cubilots sont soufflés par de l'air chaud.

MM. Coste et Perdonnet (*Annales des mines, IIᵉ. série, tome* VI, *page* 85), indiquent que la quantité de charbon consommée dans les cubilots de Birmingham, de Manchester et de Newcastle, est moyennement de 25 pour cent; si on rapproche ces nombres des indications que je viens de donner, on voit que l'adoption de l'air chaud aurait produit une économie de moitié dans la consommation de la houille et dans les autres dépenses de seconde fusion de la fonte.

Dans la plnpart des usines où l'air destiné à alimenter les cubilots n'est pas fourni par les appareils qui desservent les hauts-fourneaux, on est dans l'habitude de profiter de la flamme qui s'échappe des gueulards de ces cubilots pour chauffer l'air qu'ils consomment; je joins ici la description succincte de deux de ces appareils placés au-dessus du gueulard; ils ont été construits dans les ateliers de MM. Jeffries et Patton, de Londres.

Appareils placés au-dessus du gueulard des cubilots.

L'appareil représenté (*Pl. XI, fig.* 19 *et* 20), consiste en une série de tuyaux *a*, *a'*, *a''*, disposés horizontalement au-dessus du gueulard, et communiquant, au moyen de coudes, dans deux boîtes *b* et *b'*, placées sur les faces verticales du cubilot; l'air, au sortir de la machine soufflante, arrive dans le tuyau *c*, entre dans le compartiment *d* de la boîte *b*, passe dans le tuyau *c'* et le compartiment *d'* de la boîte *b'* en suivant la direction indiquée par les flèches, il arrive ensuite en *f*, où il se divise pour se distribuer entre les deux buses; toutes les parties de cet appareil sont en fonte.

Le second appareil (*Pl. XI, fig.* 17 et 18) se compose d'une série de tuyaux verticaux *a*, disposés circulairement sur la paroi du gueulard; ces tuyaux, qui ont 3 pouces de diamètre intérieur, communiquent par leurs extrémités dans deux anneaux A et A', placés, l'un immédiatement sur le pourtour du gueulard, l'autre à la partie supérieure des tuyaux *a*. Un large cylindre en tôle *b* enveloppe extérieurement l'ensemble des tuyaux, et force la flamme à circuler autour d'eux.

L'air au sortir de la machine soufflante arrive dans l'anneau supérieur A' au moyen du tuyau *c* (*fig.* 18); il se divise entre les tuyaux verticaux *a*, *a'*, et se réunit ensuite dans l'anneau inférieur A : enfin il se distribue aux tuyères au moyen des deux tuyaux verticaux *d*, *d'*.

On a ménagé à la partie supérieure du gueulard, et au-dessus de l'anneau inférieur A, une ouverture P pour charger le fourneau.

Je n'ai pas vu fonctionner ce dernier appareil; il me paraît préférable à celui que j'ai décrit d'abord; l'air doit y acquérir une température plus élevée, et éprouver moins de résistance dans son mouvement.

Emploi de l'air chaud dans les fineries et dans les forges de maréchal.

L'air chaud a été essayé dans l'opération de l'affinage et dans des foyers à travailler le fer. Essai de l'air chaud dans les fineries.

Je n'ai pas eu d'occasion de visiter d'usine où on ait essayé de souffler les fineries à l'air chaud; mais je sais qu'à la forge du Janon, près Saint-Étienne, les résultats obtenus par ce procédé ont été peu favorables à l'application de l'air chaud. Il en a été de même dans une usine des environs de Birmingham; cette non-réussite de l'emploi de l'air chaud dans les fineries, n'infirme en rien les avantages qu'il produit dans le travail des hauts-fourneaux constatés par de nombreux exemples. L'on conçoit jusqu'à un certain point cette variation dans les résultats de l'emploi de l'air chaud dans les hauts-fourneaux et dans les fineries, attendu que l'air joue des rôles différens dans les opérations, de l'affinage et de la fusion des minerais.

J'ai indiqué, au commencement de ce rapport, que le premier essai de l'air chaud avait été fait par M. Neilson, sur une forge de maréchal qui dépend de l'usine au gaz de Glasgow. L'air est Application à des forges de maréchal.

chauffé par le foyer même de la forge, au moyen d'une double boîte en fonte (*Pl. XI, fig.* 21) qui forme le sol même de la forge. L'air, en arrivant par le tuyau F se rend dans le fond D de la boîte, et ressort par la tuyère E après avoir traversé les compartimens H et H'.

M. Neilson a eu la complaisance de faire forger devant moi plusieurs barres de fer de différens calibres, afin que je puisse juger de l'effet que produit l'emploi de l'air chaud dans ces petites forges. N'ayant pas vu faire d'essais comparatifs, il m'est difficile d'avoir une opinion sur l'avantage qui résulte de ce procédé ; j'avoue même que je conçois difficilement que la faible température que l'air doit acquérir dans l'appareil adapté à cette forge, puisse avoir une influence bien grande sur l'économie de l'opération.

J'ai fait nettoyer complétement le foyer pour voir la disposition extérieure de l'appareil, en même temps que pour apprécier le temps nécessaire au soudage ; on a alors rétabli le feu, et au bout de quatre minutes, à partir du moment où le premier charbon allumé a été placé dans la forge, une barre de fer d'un pouce carré de diamètre a été chauffée au rouge blanc. En la sortant du feu, cette barre lançait des étincelles brillantes, et le peu de laitier qui la recouvrait coulait en gouttelettes très-liquides. La barre plongée dans l'eau était encore, au bout d'une minute d'immersion, d'un rouge sombre, et assez chaude pour être forgée.

Je n'ai pu constater la quantité de charbon consommée; elle varie beaucoup suivant les dimensions des pièces à forger : M. Neilson m'a assuré que la consommation en houille de cette forge était réduite d'un tiers depuis qu'elle était alimentée par l'air chaud.

Il paraît qu'il existe déjà plusieurs forges à maréchal dans lesquelles on a adopté ce nouveau procédé; il suffit, pour avoir le droit de s'en servir, d'acheter cet appareil chez MM. Jeffries et Patton de Londres, que j'ai déjà cités pour les appareils placés sur les gueulards des cubilots.

Essais sur l'air chaud en France.

Depuis quelques mois plusieurs maîtres de forge français ont essayé d'introduire, dans leurs usines, le procédé à l'air chaud ; M. Boigues, qui a si puissamment contribué aux progrès de l'industrie du fer par la construction de la belle forge à l'anglaise de Fourchambault (Nièvre), a également fait les premiers essais pour l'emploi de l'air chaud. Plusieurs autres usines, celles de *Vienne* (Isère), de *la Voulte* (Ardèche), de *Rieupéroux*, près de Grenoble, ont également adopté ce procédé.

Essai de l'air chaud au fourneau de Torteron.

L'appareil construit par M. Boigues présente, comme celui de la Clyde (*Pl. XI, fig.* 1 *et* 2) un long développement de tuyaux; le fourneau de Torteron (Cher), auquel il a appliqué ce procédé, marche avec un mélange de charbon de bois et de coke. L'application de l'air chaud à ce fourneau n'a pas produit d'économie de combustible, ainsi qu'on l'espérait; mais la nature de la fonte a complétement changé; de blanche elle est devenue grise, et maintenant ce haut-fourneau donne une fonte propre au moulage des pièces les plus délicates, et qui peut lutter avec les fontes anglaises. Lorsque cette fonte est coulée en gueuses son grain est gros, à structure écailleuse, testacée et très-brillante. Le grain de cette fonte devient beaucoup plus fin lorsqu'elle est coulée en objets de peu d'épaisseur, ou moulée en seconde fusion; dans ce cas elle est remarquablement douce au ciseau.

Marche du fourneau.

Le fourneau de Torteron est en feu depuis vingt-huit mois, sa marche est très-régulière, et les charges se succèdent à des intervalles à peu près égaux; on fait moyennement 42 à 44 charges par vingt-quatre heures; on y traite deux espèces de minerai, l'une, dite *mine froide*, est le véritable minerai de fer du Berry, elle est en petits grains ronds bruns ou légèrement ocreux. La seconde espèce, appelée *mine chaude*, est très-argileuse; elle se compose de grains disséminés dans de l'argile tenace et fine.

On consomme, dans ce fourneau, un mélange de charbon de bois, principalement de chêne, et de coke acheté sur les mines de Saint-Etienne.

Je n'ai pas les données nécessaires pour apprécier avec exactitude les changemens apportés dans la consommation en combustible par l'introduction de l'air chaud au haut-fourneau de Torteron; mais, à leur défaut, je vais comparer les résultats obtenus dans deux fourneaux peu distans l'un de l'autre, Torteron et la Guerche (Cher); appartenant à la même compagnie et marchant dans des circonstances assez analogues. Je suis redevable des nombres que je vais transcrire, à M. Boigues, qui a eu la complaisance de me communiquer les livres de fonte de son établissement.

Consommations et produits du fourneau de la Guerche marchant à l'air froid.

Consommations et produits.

SEMAINES.	Charbon de bois.	Coke.	Minerai.	Castine.	Fonte produite
	k.	k.	k.	k.	k.
Du 24 au 30 novembre. 1833	33320	16800	101500	22400	41524
Du 1er. au 7 décembre. . . .	34510	17400	90000	22400	40460
Du 8 au 14 décembre.	33320	16800	93000	22400	38430
	101150	51000	293500	67200	120414

Houille pour la machine à vapeur du 24 novembre au 14 décembre 335 hect.,95.

Consommations et produits du fourneau de Torteron marchant à l'air chaud.

SEMAINES.	Charbon de bois.	Coke.	Minerai.	Castine.	Fonte produite
	k.	k.	k.	k.	k.
Du 24 au 30 novembre. 1833	38528	20640	129000	44720	46969
Du 1er. au 7 décembre. . . .	34384	18420	115125	39910	40607
Du 8 au 14 décembre. . . .	35504	19020	122675	39625	43307
	108416	58080	366800	124255	130883

Houille pour la machine à vapeur du 24 nov. au 24 déc. 364 hect.,69.
— pour l'appareil à chauffer l'air. . . . . 543 16.

Il suit de ces tableaux, que pour une tonne de fonte, ou 1000 kilog., on consomme

	La Guerche.	Torteron (1).
Charbon de bois.	833 kil.	828 kil.
Coke.	413 —	443 —
Minerai.	2437 —	2802 —
Castine. . , ...	558 —	949 —
Houille pour la machine.	2,79 hect.	2,71 hect.
— pour l'appareil. .	» —	4,15 —

(1) La puissance de la machine à vapeur qui fait marcher la soufflerie du fourneau de Torteron est de seize chevaux ; la consommation de houille de cette machine est augmentée dans une assez grande proportion depuis que ce fourneau est alimenté par l'air chaud ; cette circonstance prouve, ainsi que nous l'avons annoncé, qu'il faut une force plus grande pour projeter dans un fourneau, une même quantité d'air lorsqu'il est échauffé.

La comparaison qui résulte du rapprochement de ces nombres n'est pas favorable à l'emploi de l'air chaud; mais on doit ajouter que la marche des deux fourneaux n'est pas entièrement comparable, à cause de la différence qui existe entre la nature et la quantité des matières premières qui y sont employées; ainsi la richesse du minerai fondu dans le haut-fourneau de la Guerche, est de 41 p. 100, tandis que la richesse du minerai de Torteron n'est que de 35 p. 100. La quantité de castine ajouté au minerai est, à Torteron, presque double de celle employée au fourneau de la Guerche; malgré ces deux circonstances défavorables, le produit journalier du fourneau de Torteron surpasse celui de la Guerche. Si donc, au lieu de comparer la quantité de combustible consommé à la fonte produite, on cherchait le rapport entre la quantité de matière à fondre et le combustible, on trouverait que le fourneau de Torteron marche plus économiquement que celui de la Guerche. En effet, dans ce dernier fourneau, 1000 kilog. du mélange de minerai et de castine exigent 419 kilog. de combustible; tandis qu'à Torteron 1000 kilog. du même mélange ne consomment que 339 kilog. de charbon.

L'emploi de l'air chaud présenterait donc encore à Torteron une économie assez prononcée; mais il est un avantage non moins essentiel, c'est l'influence que ce procédé exerce sur la nature de la fonte qui est devenue propre au moulage ; cette circonstance lui a donné une valeur qui surpasse d'un quart au moins le prix de la fonte produite à l'air froid.

Outre le haut-fourneau dont nous venons de parler, il existe à Torteron un cubilot soufflé à l'air chaud (1). L'appareil employé pour cet usage (*Pl. XI, fig.* 19 *et* 20) a été acheté dans l'atelier de M. Jeffries à Londres.

Je ne puis indiquer l'avantage qui résulte de l'emploi de l'air chaud dans ce cubilot, attendu que je connais seulement les consommations actuelles de ce fourneau ; M. Boigues, qui a eu la complaisance de me communiquer ces documens intéressans, regarde que ce nouveau procédé a produit une légère économie de combustible ; mais l'avantage principal qui en résulte, consiste dans l'accélération de l'opération ; la fonte restant moins long-temps exposée au courant d'air des soufflets, n'éprouve pas de commencement d'affinage, comme cela arrive assez souvent. Cette accélération de vitesse permet en outre de faire un

(1) Je dois ces renseignemens à M. Guiot, élève-externe des mines, qui a visité cette année l'établissement de Fourchambault.

plus grand nombre de fondages dans un temps donné.

Consommations du cubilot de Torteron, soufflé à l'air chaud, pendant 6 jours.

1833.	Consommation		Produit en moulerie.		Consommation en fonte et combustible pour 100 k. de moulage.	
	De fonte.	De coke.	Nombre des pièces.	Poids.	Fonte.	Coke.
	kil.	kil.	kil.	kil.	kil.	kil.
8 décemb.	2700	740	131	2460	108	30
9 décemb.	3600	1070	246	3345	107	32
10 décemb.	2550	710	135	2366	108	30
11 décemb.	2650	740	139	2451	108	30
12 décemb.	2600	720	126	2380	109	30
13 décemb.	2400	680	117	2169	110	31
	16500	4660	894	15171	108	30

Fourneau de Vienne.

L'emploi de l'air chaud introduit au fourneau de *Vienne*, depuis quinze mois, a produit une réduction de plus d'un tiers dans la consommation en combustible. M. Gueymard, dans un rapport adressé à M. le directeur général des ponts et chaussées et des mines (*Ann. des Mines, t. IV, p.* 87), indique que la consommation de coke, qui était de 250$^{k.}$,87 pour 100 kilogrammes de fonte produite à l'air froid, a été réduite à 146,24.

La dépense en castine a également éprouvé une diminution de près de moitié.

Enfin la production, qui était anciennement de 4.750 kil. de fonte par 24 heures, a été portée à 5.988 kil.

Depuis le rapport que je viens de citer, MM. Le Cocq, Defourcy et de Mont-Marin, élèves-ingénieurs des mines, ont, d'après les ordres de M. le directeur général, visité l'établissement de Vienne. Ils ont rédigé sur cet établissement un mémoire dans lequel ils donnent des détails très-circonstanciés sur les consommations du fourneau depuis l'emploi de l'air chaud. Les nombres qu'ils indiquent confirment entièrement les avantages annoncés dès les premiers jours, par M. Gueymard; mais, comme ils se rapportent à un roulement beaucoup plus long, je crois de quelque intérêt de les faire connaître.

Le passage suivant est extrait textuellement du mémoire que je viens de citer.

Consommations et produits du haut-fourneau de Vienne, pendant les mois de septembre, novembre et décembre 1832, et août 1833.

DÉSIGNATION des mois.	COKE pour la fusion.	MÉLANGE ET QUANTITÉS DE MINERAIS (1).			CASTINE.	Houille pour chauffer l'air.	Fonte produite.	Nombre des charges.
	k.			k.	k.	h.	k.	k.
Sept. 1832, à l'air froid, jusqu'au 25, à l'air chaud; du 25 au 30.	274920	De la Voulte. De Comté. . Du Bujet . .	145000 32012 39700	216712	65650	»	90869	1201
Nov. 1832, à l'air chaud.	241696	De la Voulte. Du Buget. .	262112 34400	296512	50612	652	143929	1016
Déc. 1832, à l'air chaud.	236104	De la Voulte. Du Bujet . .	230850 14525	245375	54562	644	122298	1017
Août 1833, à l'air chaud.	218391	De la Voulte. Du Bujet . .	166974 63237	230211	63237	537	108622	1015

D'après ces données on a calculé, dans le tableau suivant, les quantités de coke, de minerai, et de castine consommées, aux différentes époques que nous venons de citer, pour obtenir 100 kilog. de fonte. On y ajoute en outre la quantité de fonte produite dans vingt-quatre heures; et, pour

(1) On traite, dans le fourneau de Vienne, un mélange de minerai de fer de la Voulte, de Franche-Comté et de Villebois ou du Buget.

Le minerai de la Voulte est un mélange de fer ooligiste compacte et de fer carbonaté.

que la comparaison avec les usines anglaises soit plus facile, on a transformé le coke en houille; nous avons admis pour cette transformation que l'hectolitre de houille pèse 75 kilog., et que la houille rend 50 p. 100 de coke.

Consommations pour obtenir 100 *kilog. de fonte.*

	Minerai.	Castine.	Coke pour la fusion.	Houille pour chauffer l'air.	Houille totale.	Fonte en 24 h.	Nombre des charges en 24 h.	Composition des charges.
	k.	k.	k.	hect.	k.	k.		k.
1828, air froid.	255,00	109,28	275,00	»	550	3500,00	51	Coke. 200 Min. 75 Cast. 75
Sept. 1832, air froid	238,45	72,24	302,50	»	905	3028,90	40	Coke. 228,90 Min. 180,44 Cast. 54,66
Nov. 1832, air chaud.	206,01	35,16	167,92	0,453 ou kil. 33,97	369,8	4797,60	33,90	Coke. 237,88 Min. 291,84 Cast 49,81
Déc. 1832, air chaud.	200,63	44,61	184,87	0,526 ou kil. 39,45	409,4	3945,09	32,80	Coke 232,15 Min 241,27 Cast 53,64
Août 1833, air chaud.	211,93	58,21	201,05	0,493 ou kil. 36,47	439,1	3503,92	32,72	Coke. 215,16 Min. 226,71 Cast. 62,30

Il résulte de l'inspection de ce tableau que le

Le minerai de Franche-Comté vient d'Autrey, c'est un minerai en grains, qui rend de 25 à 28 pour 100 de fer.

Le minerai de Villebois ou du Buget est très-pauvre, il est composé de petits grains oolitiques disséminés dans du calcaire; on s'en sert pour diminuer la proportion de castine.

mois de novembre est celui qui offre les résultats les plus avantageux, tant sous le rapport de la quantité de fonte produite, que sous le rapport des consommations de minerai et de castine. Il est vrai de dire que, dans ce mois, la fonte fut presque toujours truitée blanche; on s'attacha plutôt à la grande production de la fonte qu'à sa qualité.

Pendant le mois d'août, la quantité de fonte produite a été moins considérable, ainsi que la diminution dans les consommations, mais la fonte a été d'une qualité supérieure.

La diminution dans les dépenses résultant de l'emploi de l'air chaud, a donc été, en comparant les produits de l'année 1828 à l'air froid, et du mois de novembre 1832 à l'air chaud, pour 100 kilog. de fonte, de 49 kilog. de minerai, 74$^{k.}$,12 de castine, et 180$^{k.}$,20 de houille.

La production en fonte a été augmentée de 1.297$^{k.}$,60 par vingt-quatre heures.

La Voulte.

Usine de la Voulte. Depuis le mois de septembre dernier, un des trois hauts-fourneaux dont se compose l'établissement de la Voulte, marche à l'air chaud; l'appareil construit par M. Philip Taylor, ingénieur civil, consiste en un tuyau horizontal de 0^{m},57 de diamètre extérieur, sur 48 mètres de longueur, portant des branches qui se dirigent vers chaque buse; ce tuyau, posé sur des rouleaux pour prévenir les inconvéniens qui résultent de la dilatation, traverse des chauffoirs placés près des tuyères ; la position des fourneaux, construits seulement à quelques pieds d'un escarpement presque à pic, apportait un grand obstacle au placement de cet appareil. M. Taylor a surmonté cette difficulté en construisant un arche qui s'appuie à la fois sur l'escarpement et sur le mur de derrière des fourneaux. La surface exposée à l'action de la chaleur est de 177.795 mètres carrés (1) ; et la quantité d'air lancée à chaque buse est de 500 pieds cubes par minute.

Avant l'emploi de l'air chaud on passait, par vingt - quatre heures, dans les fourneaux de la Voulte, soixante-douze charges composées chacune de

Minerai.	230 kil.,	ce qui faisait	16560 kil.
Coke. .	200 ,	par 24 heures	14400
Castine.	60		4320

Le produit moyen correspondant à ces charges était de 7.000 kil. de fonte.

---

(1) Il résulte, de quelques expériences faites sur des chauffoirs de formes différentes que, pour élever par minute 100 pieds cubes d'air à 320°, il est nécessaire de leur faire traverser une surface de tuyaux de $1^{m},66$, chauffée à la température du rouge brun.

Augmentation successive de minerai.

Aussitôt que l'air chaud fut appliqué au fourneau, les charges descendirent plus lentement; on ajouta alors, dès le second jour, 20 kilog. de minerai par chaque charge; l'allure du fourneau étant bonne, on ajouta de nouveau, le second jour, 40 kilog. par charge; cette seconde addition de minerai détermina une descente plus rapide des charges, dont le nombre fut porté à soixante-seize. Les scories, très-liquides, portaient tous les caractères d'un bon travail, et la fonte, dont la structure était cristalline, était d'un gris foncé. Les deux jours suivans, on augmenta de nouveau les charges de 40 kilog. M. Taylor, qui dirigeait ces expériences, trouvant que la fonte produite était encore trop grise pour le puddlage, se décida à faire une nouvelle addition de 20 kilogrammes de minerai.

Le huitième jour on passait donc, dans le fourneau, 76 charges composées de

Minerai.	350 kil. faisant ensemble	26600 kil.
Coke. .	200	15200
Castine.	60	4560

Le produit en fonte avait été porté à 11.000 kilog. de fonte grise truitée.

Plus tard, le nombre de charges ayant été porté à 84 par vingt-quatre heures, la production s'éleva à 14.000 kilog.

Le combustible employé pour chauffer l'air a

été de 0,25 de menue houille pour 1 de fonte.

Comparaisons entre les Consommations

D'après ce procès-verbal des expériences faites par M. Taylor, à l'établissement de la Voulte, il résulte que, par l'introduction de l'air chaud dans cet établissement, la consommation en coke, nécessaire pour produire 1.000 kilog. de fonte, a été réduite de 2.057 kilog. à 1.210 kilog., y compris la houille nécessaire pour l'appareil à chauffer, en supposant cette houille transformée en coke.

L'établissement de la Voulte présente à la fois, sous la même halle, un fourneau marchant à l'air chaud, et deux fourneaux soufflés à l'air froid, toutes les autres circonstances étant exactement semblables ; on peut donc vérifier à chaque instant les résultats que nous venons d'indiquer.

A *Rioupéroux*, dans le département de l'Isère, M. Gueymard a obtenu des résultats analogues. Le fourneau qui consommait, il y a peu de temps, 1.610 kilog. de charbon de bois, par tonne de fonte produite, ne dépense plus, depuis qu'il marche à l'air chaud, porté à 130°. R., que 1.270 kilog. de charbon, non compris l'anthracite qui sert à chauffer l'air (*Ann. des Mines, t. IV, p.* 508) : ce résultat est d'autant plus important, que c'est le premier exemple de l'air chaud appliqué à un fourneau alimenté par du charbon de bois ; il répond aux doutes de quelques personnes qui craignaient que ce procédé ne pût être employé avantageusement avec ce genre de combustible.

Essais de l'air chaud en Wurtemberg. Le procédé de l'air chaud, récemment introduit dans la fonderie royale de *Wasseralfingen* en Wurtemberg, a également apporté une économie très considérable dans la consommation du combustible. D'après une notice publiée par M. Voltz (*Ann. des mines, t. IV, pag.* 77), qui a été chargé, par M. le directeur général des ponts et chaussées et des mines, de suivre les essais exécutés à Wasseralfingen, la quantité de charbon de bois nécessaire pour obtenir 100 livres de fonte a été réduite de 185 livres à 113, et la production journalière en fonte a été portée de 7.530 livres à 10.500.

Emploi de l'air chaud en Wurtemberg.

L'appareil employé dans cette fonderie, pour chauffer l'air, est placé au-dessus du gueulard, et ne nécessite aucune dépense de combustible.

Remarques sur la nature des houilles employées dans les fourneaux alimentés par de la houille crue.

Il résulte des descriptions qui précèdent, que certaines houilles, celles du pays de Galles, sont employées en nature pour la fusion des minerais de fer dans les hauts-fourneaux alimentés par de l'air froid. Qu'un grand nombre d'autres, les houilles de Glasgow, par exemple, sont également susceptibles de servir à l'état cru lorsque les fourneaux marchent à l'air chaud : enfin que, pour quelques unes, la transformation en coke paraît encore indispensable, quel que soit le procédé au moyen duquel on fabrique la fonte.

Pour apprécier les causes de ces différences si remarquables dans les propriétés des houilles, j'ai recueilli des échantillons de la plupart des charbons employés dans les usines dont j'ai parlé dans ce rapport. M. Berthier a eu la complaisance de les essayer au laboratoire de l'école des mines, et je transcris les résultats qu'il m'a fait l'amitié de me communiquer.

Houilles employées, à l'état cru, dans les fourneaux du pays de Galles, marchant à l'air froid.

	Dowlais.	Caerfartha.	Pen-y-darran.
Charbon.	0,795	0,784	0,768
Cendres.	0,030	0,028	0,032
Matières volatiles .	0,175	0,188	0,200
	1,000	1,000	1,000

Houille de Dowlais. Elle est lamelleuse, se

sépare en travers des couches par des plaques lisses et brillantes; cette houille se compose de deux parties distinctes : l'une brillante, se divise en petits fragmens cubiques ; l'autre complétement matte, dure, à cassure conchoïde, est en tout analogue au *cannel-coal*; ces deux charbons ne se mêlent pas, ils forment, dans chaque couche, des petits lits plus ou moins puissans. La partie brillante est de beaucoup la partie dominante; la houille de Dowlais ne tache pas les doigts, elle se boursouffle très-peu et ne colle pas; ses cendres sont complétement blanches.

Houilles employées à l'état cru à l'air froid.

Houille de Caerfartha. Elle n'est ni schisteuse ni lamelleuse; elle est composée, comme la précédente, de la réunion de parties brillantes et de parties compactes noires, mélangées dans tous les sens, à la manière des cristaux de quartz et de feldspath dans un granite. Ces deux variétés de charbon se comportent très-différemment; la variété éclatante se boursouffle et s'agglutine assez fortement, tandis que la partie terne est sèche et ne change pas de forme par son exposition au feu; c'est probablement ce mélange qui donne à la houille employée à l'usine de Caerfartha, la propriété de résister plus que toute autre à l'action du vent et aux différens mouvemens qui ont lieu dans le fourneau. C'est en outre à cette circonstance qu'est due la friabilité qu'elle possède ; mais le bitume, qui existe en assez grande abondance dans le charbon éclatant, agglutine les différentes parties de cette houille, et lui donne une grande solidité, une fois qu'elle a été exposée au feu (1).

Houille de Pen-y-darran. Elle est de même nature que la précédente. Seulement le mélange des parties ternes et des parties brillantes est moins intime.

Ces trois houilles proviennent du bassin houiller du pays de Galles ; elles sont très-sèches, et doivent cette propriété à l'excès de carbone qu'elles contiennent ; elles sont analogues à la houille de Rolduc.

---

(1) La propriété que présente la houille employée à Caerfartha, a fait naître l'idée de se servir de l'anthracite en le carbonisant légèrement avec de la houille très-grasse. Ce procédé, sur lequel je n'ai du reste aucun détail, a donné, m'a-t-on assuré, des résultats très satisfaisans, dans le travail des hauts-fourneaux.

Houilles employées, à l'état cru, dans les fourneaux marchant à l'air chaud.

Houilles employées à l'état cru, à l'air chaud.

		Environs de Glasgow.			Staffordshire	Derbyshire.	
		La Clyde.	Calder.	Monkland. works.	Tipton, près Wenesbury.	Butter-ley.	Codnor Park.
Charbon.		0,644	0,510	0,562	0,675	0,57	0,515
Cendres.		0,046	0,040	0,014	0,025	0,83	0,030
Matières volatiles.	Eau.	0,005	0,039	0,115	0,300	0,40	0,455
	Gaz.	0,139	0,081	0,094			
	Goudron.	0,166	0,330	0,215			
		1,000	1,000	1,000	1,000	1,00	1,000

La houille des environs de Glasgow, employée dans les usines de la Clyde, de Calder et de Monkland-Works présente des caractères assez constans, et leur composition est très-analogue, ainsi qu'il résulte du tableau précédent.

Ce charbon est généralement terne, un peu compacte, dur, ne se rompt pas entre les doigts. Il présente, dans la cassure en travers, une série de petites lignes qui lui donnent une apparence schisteuse, quoiqu'il ne possède pas réellement cette propriété. Il est très-bien stratifié, et les morceaux se fendent en fragmens plats plus ou moins épais. Les surfaces de séparation sont presque toujours marquées par de la matière charbonneuse noire, qui tache les doigts, et ressemble au charbon de bois par son aspect fibreux et sa couleur terne. Cette houille est fréquemment traversée par des filets extrêmement minces de chaux carbonatée dont la direction est perpendiculaire aux couches; enfin on y distingue aussi quelques pyrites.

Des fragmens de houille de Glasgow, soumis à l'essai, n'ont éprouvé qu'un léger ramollissement; ils se sont agglutinés sans changer de forme.

La houille de Tipton qui alimente l'usine de MM. Lloyd et Forster, près de Wenesbury, est schisteuse; elle est composée de petits lits de quelques lignes d'épaisseur, séparés presque toujours par une couche extrêmement mince de matière charbonneuse noire, analogue au charbon de bois. Cette substance est tellement abondante, qu'il est rare de trouver un morceau de houille de Tipton de 4 pouces d'épaisseur, qui ne présente une ou deux couches de cette matière friable. Ce charbon, éclatant dans sa cassure, se divise en petits fragmens pseudo-réguliers; il est peu collant, et ne se boursouffle que légèrement.

Les houilles des environs de Derby se divisent en deux qualités principales, désignées sous les noms de *cherry-coal* et *soaft-coal*; la première, plus dure, résiste mieux à l'action du feu. Les hauts-fourneaux de Butterley, qui marchent à l'air chaud, consomment exclusivement du cherry-coal. Ce charbon est schisteux et présente des lignes noires ternes, qui lui donnent beaucoup de ressemblance avec la houille d'Ecosse.

Le *soaft-coal*, employé principalement pour le chauffage des machines à vapeur et des fourneaux à puddler, sert aussi, à Codnor-Park, à la fusion des minerais; ce charbon assez éclatant, schisteux, se sépare en fragmens par la plus légère pression; il contient des parties de cette matière charboneuse, noire et friable, que j'ai déjà signalée plusieurs fois.

Malgré la perte considérable que ces deux charbons éprouvent par la distillation, ils ne changent presque point de forme; ils se gonflent et collent à peine; leurs cendres sont parfaitement blanches.

Houilles qu'il paraît nécessaire de transformer en coke pour les employer, même dans les fourneaux marchant à l'air chaud.

	Birtly-Iron-Works, près Newcastle.	Tyne-Iron-Works, Northumberland.	Apedale, près Newcastle, Staffordshire.
Houilles	0,605	0,675	0,624
Cendres	0,040	0,025	0,035
Matières volatiles	0,355	0,300	0,341
	1,000	1,000	1,000

Houilles employées à l'état de coke à l'air chaud.

La houille qui alimente les usines de Birtly et de Tyne-Works, proviennent des mines des environs de Newcastle Upon-Tyne; elle est éclatante, à la fois lamellaire et esquilleuse, ne tache pas les doigts, et ne s'écrase pas sous une légère pression. Cette houille, en général d'une grande pureté, ne contient ni veines de chaux carbonatée ni pyrites. Elle est très collante, se gonfle beaucoup par l'action de la chaleur, de sorte que le volume de son coke surpasse celui de la houille employée. On m'a assuré, à l'usine de la Tyne, qu'on avait essayé infructueusement de se servir de la houille de Newcastle sans la transformer en coke.

La houille d'*Apedale-Works* est lamelleuse, éclatante et esquilleuse, mate dans le sens des strates, et se divise en petits fragmens quadrangulaires; dans la cassure en travers, elle présente de larges bandes, des espèces de rubans, entièrement unis et très-brillans. Cette disposition tient à la superposition de petites couches, dont la nature est un peu différente; cette houille est très collante, gonfle au feu et donne un coke léger, argentin, mais très solide.

Si l'on compare la composition des différentes houilles que nous venons d'étudier, on reconnaît bientôt que

1°. Les houilles employées, à l'état cru, dans

les fourneaux marchant à l'air froid, sont sèches, très carbonées, et constituent de véritables anthracites;

2°. Les houilles, comme celles d'Écosse et du Derbyshire qui, quoique bitumineuses, servent à l'état cru, à la fusion des minerais de fer dans les hauts-fourneaux soufflés à l'air chaud, sont cependant encore des houilles sèches.

3°. Enfin, les houilles grasses, bitumineuses, collantes, qui changent de volume et se gonflent par l'action du feu, paraissent jusqu'à présent devoir être transformées en coke, pour donner des résultats avantageux dans le travail du fer.

Qualité de la fonte et du fer obtenus dans les usines qui marchent à l'air chaud.

Les fontes de moulage d'Ecosse fabriquée à l'air chaud, ont une valeur commerciale moins grande que les fontes du Staffordshire. Les premières étaient cotées, au mois de juillet dernier, sur le marché de Liverpool, 4 livr. 15 schel. (119 fr. 70) la tonne de 2.240 livres; tandis que les fontes du Staffordshire se vendaient, à cette époque, 6 livr. st. (151 fr. 20).

Cette différence considérable entre le prix de ces fontes, joint au préjugé assez généralement répandu, que la fonte obtenue à l'air chaud est impropre à la fabrication du fer, jettent encore, dans beaucoup d'esprits, des doutes sur l'avantage du nouveau procédé. Les nombreuses observations que j'ai faites tendent au contraire à prouver que, pour la fonte du moins, les produits des fourneaux marchant à l'air chaud, sont supérieurs à ce qu'ils étaient à l'air froid. La valeur moindre de la fonte d'Ecosse ne me paraît pas contraire à cette opinion. En effet, la fonte du Staffordshire a toujours été regardée comme la plus propre au moulage, et elle a toujours été d'un prix plus élevé que la fonte de la plupart des autres parties de la Grande Bretagne; peut-être aussi la différence assez grande, qui existe entre les fontes d'Ecosse et du Staffordshire, tient-elle à des circonstances commerciales; ainsi l'Ecosse fabrique maintenant à meilleur marché que le Staffordshire, et sa fabrication étant augmentée de près d'un tiers par le seul emploi de l'air chaud, les maîtres de forges de ce royaume ont-ils pensé nécessaire à leur intérêt de faire sur leurs fontes une baisse qu'ils peuvent supporter sans dommages.

Il serait à désirer que cette question si importante pût être décidée par des expériences directes; à leur défaut je vais rapporter les usages de ces différens produits, dans les arts, usages qui sont peut-être aussi concluans que des expériences.

Dans les usines des environs de Glasgow on ne fait que du moulage, j'ai vu employer la fonte qu'elles produisent à la fabrication d'objets qui exigent à la fois une grande résistance et une grande ductilité : savoir, au moulage, de *cylindres de machines à vapeur*, de *bouilleurs*, de *conduits pour le gaz*, et de différens *engrenages*, etc.

Fonte de moulage à l'air chaud.

A Birtly près de Newcastle, à Butterley près de Derby, j'ai vu également couler des *cylindres de machines à vapeur*, des *tuyaux pour pompes élévatoires*, et des *fermes pour ponts en fer*.

Je rappellerai que le fourneau de Torteron qui dépend de l'usine de Fourchambault dans la Nièvre donne, depuis qu'il est soufflé à l'air chaud, de la fonte grise qui se vend en concurrence avec les fontes anglaises.

Le fer fabriqué avec la fonte des fourneaux soufflés à l'air chaud, est aussi de très bonne qualité.

A Codnor-Park près de Derby, ce fer est employé à la construction des *différentes pièces de machines à vapeur*, à la fabrication de *chaînes pour ponts suspendus*, de *tirans* et de *traverses* pour *ponts en fer*, etc.

Fonte pour fer à l'air chaud.

Le fer produit à l'usine de la Tyne près de Newcastle, est transformé en tôle forte pour la fabrication de *chaudières* de machines à vapeur, de *gazomètres, etc.*

A Wenesbury, le fer est aussi de bonne qualité, et sert aux usages qui exigent le plus de résistance.

Ces différens exemples prouvent qu'au moyen du procédé à l'air chaud, on peut, comme à l'air froid, obtenir des fontes de qualité supérieure pour le moulage, et des fontes propres à la fabrication du fer. Mais il ne faut pas en conclure que, par ce moyen, on puisse corriger les défauts qui résultent de la nature du minerai, ou de celui du charbon.

Causes probables de l'augmentation de chaleur due à l'emploi de l'air chaud.

J'ai fait remarquer plusieurs fois, dans le cours de ce rapport, que la température des fourneaux marchant à l'air chaud paraissait supérieure à la température des fourneaux alimentés par un courant d'air froid; tous les signes que l'on consulte ordinairement pour se guider dans le travail des hauts-fourneaux, se réunissent pour prouver cette assertion; ainsi, il ne s'attache plus de scories au-dessus des tuyères; la couleur du feu, dans cette partie du fourneau, est d'un rouge blanc que la vue a peine à supporter; les scories, plus liquides, coulent avec facilité;

Signes qui indiquent une augmentation de température.

la fonte plus chaude peut être moulée directement en objets délicats; la quantité de minerai mis à chaque charge est augmentée dans une grande proportion, tandis que la quantité de castine est moins grande. Cette diminution, dans la proportion de fondant, est à elle seule la plus forte preuve qu'on puisse donner de l'augmentation de température du fourneau; elle nous indique en effet que les matières terreuses éprouvent une chaleur assez grande pour entrer en fusion avec une faible addition de flux. Il est probable que c'est également à cet excès de température que l'on doit attribuer la faculté d'employer à l'état cru certains charbons, qu'il paraît indispensable de transformer en coke lorsque la température de l'air est peu élevée. Malgré ces preuves certaines de l'augmentation de chaleur produite par l'introduction de l'air chaud dans les hauts-fourneaux, nous ne pouvons cependant démontrer son existence d'une manière positive; mais il me semble qu'on peut, jusqu'à un certain point, rendre raison de ce phénomène, en comparant ce qui se passe dans les hauts-fourneaux par l'arrivée constante de l'air, à ce qui a lieu lorsqu'on mélange deux liquides de températures différentes; on sait que le mélange prend une température moyenne. La comparaison que j'établis me paraît juste, quoique les hauts-fourneaux soient dans des circonstances très-différentes de liquides, ayant une température donnée, parce que la chaleur se reproduit sans cesse par la combinaison du carbone et de l'oxigène. En admettant cette cause d'augmentation de chaleur, on supposera peut-être qu'elle est bien légère, attendu la grande différence qui existe entre la température d'un haut-fourneau et celle de l'air qui en alimente la combustion. Différence que nous n'avons aucun moyen exact d'apprécier (1). J'indiquerai quelques lignes plus bas, que cette cause n'est pas aussi faible qu'on peut le penser. Mais il est, je crois, une autre cause beaucoup plus puissante, et qu'il est impossible d'évaluer; elle résulte de combinaisons qui ne pouvaient pas se produire à la température ordinaire des hauts-fourneaux, et qui se développent par l'augmentation de chaleur due à la substitution de l'air chaud à l'air froid. Nous voyons constamment, dans nos laboratoires, des exemples de ce phénomène; des substances, qui ne sont attaquées qu'avec beaucoup de peine et de lenteur dans un acide à la température de l'atmosphère, se dissolvent avec facilité quand on chauffe légèrement

Causes d'augmentation de chaleur.

(1) Plusieurs chimistes, et notamment M. Dumas, admettent que la températnre d'un haut-fourneau correspond environ à 1500° cent.

la liqueur, et la combinaison qui se forme devient souvent elle-même une source puissante de chaleur. Le travail des hauts-fourneaux nous présente peut-être une circonstance semblable : le bitume et certains gaz qui ne pouvaient brûler à la température des fourneaux à l'air froid entrent en ignition, par la faible augmentation de chaleur produite par l'introduction de l'air chaud; cette combustion développe peut-être à son tour cette haute température que nous observons dans les fourneaux alimentés par l'air chaud; le peu de fumée qui sort du gueulard de ces fourneaux, lors même qu'on y brûle de la houille crue, ainsi que la couleur de la flamme, nous autorisent à croire que le bitume, le gaz hydrogène, l'acide carbonique, etc., sont en grande partie brûlés. Cette supposition répond naturellement à l'objection qu'on pourrait faire que, même en admettant une certaine augmentation de température par l'introduction de l'air chaud dans le fourneau, il n'en résulterait pas nécessairement une diminution dans la consommation de combustible, puisque le charbon brûlé, en moins, dans le fourneau devrait être brûlé, en plus, dans l'appareil destiné à chauffer l'air.

Nous avons annoncé que la quantité d'air lancée dans le fourneau, pouvait, à cause de sa masse considérable, avoir une puissance réfrigérante assez forte; cette masse d'air s'élevait dans les usines d'Ecosse, avant l'adoption du procédé à l'air chaud, à 2.800 pieds cubes par minute, ou en poids (1) à 124kil.,779.

La quantité d'air lancée dans le fourneau par jour, s'élève donc à la somme de 179681kil.,76, ou environ 180 tonnes.

La somme du charbon, du minerai et de la castine, ne dépasse pas 44 tonnes : le poids d'air lancé dans un fourneau est donc quadruple de celui des matières solides qui y sont jetées. On conçoit alors qu'une masse d'air aussi considérable, dont un cinquième seulement sert à la combustion, injectée dans le fourneau à 10°, température moyenne de l'atmosphère doit produire un refroidissement beaucoup plus grand que lorsqu'elle possède une température de 322° centig. Une circonstance qui tend encore à diminuer d'une manière notable la puissance réfrigérante de l'air, d'après le nouveau procédé, c'est que la quantité d'air actuellement employée est beaucoup moindre. Dans les hauts fourneaux de l'Ecosse, que nous avons pris pour exemple, elle est réduite de 2.800 pieds cubes à 2.100 par minute (en poids de 180 tonnes à 134 tonnes) c'est-à-dire d'un quart.

---

(1) 1 mètre cube d'air = 1kil.,3.

On peut calculer l'influence de l'introduction de l'air sur la chaleur développée à chaque instant par la combustion du charbon (2); mais il me paraît impossible d'apprécier l'augmentation qui résulte des combinaisons nouvelles auxquelles donne lieu la combustion du bitume et des gaz carbonés, attendu que nous ne pouvons, dans l'état actuel de la science, évaluer la température de l'intérieur d'un fourneau. Le peu

---

(2) La chaleur spécifique de l'eau étant représentée par 1,0000, celle de l'air atmosphérique est égale à 0,2669; d'où il résulte qu'un gramme d'air à 322° cent., température à laquelle l'air chaud est lancé dans les hauts-fourneaux de la Clyde, élèverait 0gr.,733 d'eau à 100°, en supposant l'air ramené à 10°; et comme la quantité d'air introduite à chaque minute dans le fourneau est de 124.779gr., la chaleur qui résulte de cette masse est représentée par 91.463gr. d'eau élevée à 100°.

On charge actuellement dans le fourneau de la Clyde 16.400 kilogr. de charbon par 24 heures, ou 23k.,90 par minute, quantité qui, après la défalcation des cendres, de l'eau et des gaz qui s'échappent sans être brûlés, s'élève au *maximum* à 20k.,30; la combustion complète de cette quantité de charbon élèverait par minute 1.465 kilogr. d'eau de 0° à 100°. L'augmentation de chaleur qui résulterait de la température de l'air à 322°, relativement à celle produite par la combustion du charbon, serait comme 92 : 1465, c'est-à-dire un seizième ; ce rapport est un *minimum*, la quantité d'oxigène n'étant pas suffisante pour transformer tout le carbone en acide carbonique.

de mots qui précèdent, quoique ne donnant aucune idée du degré réel de l'influence de l'air chaud, me paraissent, du moins, établir qu'elle doit être assez considérable.

Résumé. Les détails dans lesquels je suis entré sur la plupart des usines qui marchent à l'air chaud, empêcheront peut-être de saisir les circonstances principales de ce procédé; je crois donc utile de les rappeler brièvement.

I. Dans toutes les usines, à l'exception d'un exemple ou deux, il est résulté de l'emploi de l'air chaud une amélioration dans les produits, une économie dans la consommation de combustible et de castine, ainsi que dans la dépense de main-d'œuvre et de frais généraux.

II. Ces avantages ont suivi la même progression que la température à laquelle on a chauffé l'air.

III. La production de fonte a généralement éprouvé une augmentation considérable.

IV. La quantité de combustible brûlé dans les hauts-fourneaux paraît être à peu près la même, lorsqu'ils sont alimentés par de l'air chaud ou de l'air froid. On consommait par jour, à la Clyde, 18 tonnes de coke pour obtenir 6 tonnes de fonte; et maintenant on brûle 18 tonnes de houille pour produire 9 tonnes de fonte.

V. La fonte produite dans les fourneaux qui marchent à l'air chaud, est généralement grise et propre au moulage; néanmoins, ce procédé est employé avec avantage dans les usines, dont la fonte est toute ou en partie transformée en fer en barres (Codnor-Park, Tyne-Works, Wenesbury-Works, etc.); il est seulement nécessaire d'apporter des modifications dans les proportions de minerai et de charbon.

VI. Dans plusieurs usines, la combustion exige beaucoup moins d'air chaud qu'elle ne réclamait d'air froid; à la Clyde, par exemple, la même machine soufflante, qui desservait trois hauts-fourneaux avec difficulté, en souffle maintenant quatre. L'économie de force motrice n'est pas proportionnelle à la diminution de la quantité de vent, parce qu'il faut une certaine puissance pour vaincre le frottement de l'air dans l'appareil, et la résistance qui résulte de sa dilatation. On remédie à ce dernier inconvénient, en augmentant l'orifice des buses; leur diamètre a été généralement porté de deux pouces et demi à trois pouces. L'augmentation des buses a, en outre, pour but de diminuer la vitesse du courant d'air qu'on introduit dans les fourneaux.

VII. Lorsqu'il ne résulte pas de l'emploi de

l'air chaud, une diminution dans la quantité du vent (à Torteron), il est nécessaire d'augmenter la puissance des machines qui mettent en mouvement la soufflerie.

XIII. La substitution de l'air chaud à l'air froid, dans la fusion des minerais de fer, est marquée par un changement presque immédiat dans la nature de la fonte, qui devient plus carbonnée. Les charges descendent plus lentement; on accélère leur vitesse en augmentant la proportion du minerai.

Relativement aux appareils.

IX. Les appareils formés par la réunion d'un tuyau d'un grand diamètre qui reçoit l'air, et de petits tuyaux dans lesquels il s'échauffe et se dilate, me paraissent devoir être préférés aux appareils composés d'une série de tuyaux d'un grand diamètre; ils exigent peu de place, sont moins coûteux à établir, et consomment moins de combustible que ces derniers; en outre, la température n'est pas uniforme dans toutes les parties de ces appareils, et il se forme, presque toujours, un courant d'air moins chaud au centre des tuyaux.

X. Pour diminuer autant que possible la

vitesse de l'air soumis à l'action de la chaleur, et pour éviter la résistance due à sa dilatation, il est nécessaire que la surface des petits tuyaux soit plus grande que celle du gros tuyau qui reçoit l'air de la machine soufflante.

XI. La capacité intérieure de ces petits tuyaux doit être plus grande que le volume de l'air injecté constamment dans le fourneau; l'air reste, par cette disposition, un certain temps dans l'appareil, et y acquiert une température élevée.

XII. Par suite de cette dernière condition, les appareils placés au-dessus du gueulard paraissent peu avantageux pour les hauts-fourneaux à la houille; on ne peut leur donner des dimensions telles que l'air y séjourne quelque temps; pour remédier à cet inconvénient, on est obligé de faire passer de nouveau l'air à travers des chauffoirs placés près des tuyères.

Relativement aux charbons.

XIII. Les houilles très-riches en coke, qui sont sèches et anthraciteuses, peuvent être employées à l'état cru dans les hauts-fourneaux marchant même à l'air froid.

XIV. Les houilles qui contiennent une assez

grande proportion de matières volatiles (30 à 35 p. 100), mais néanmoins qui sont peu collantes, et ne changent pas de forme par la combustion, peuvent également servir, sans être carbonisées, au travail des hauts-fourneaux, lorsque l'air est chauffé au-dessus de 300° cent.

XV. Il paraît enfin que, pour les houilles grasses et bitumineuses, comme celles de Newcastle, propres à la fusion des minerais de fer, il est nécessaire, même avec le procédé de l'air chaud, de les transformer en coke.

FER L'A

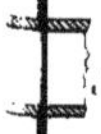

Fig. 12.

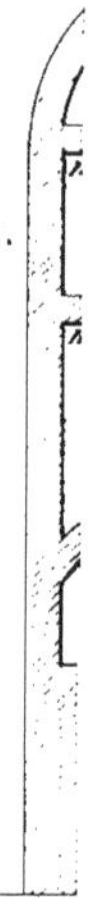

g

Cou

Fig. 14.

Co.

APPAREILS EMPLOYÉS POUR CHAUFFER

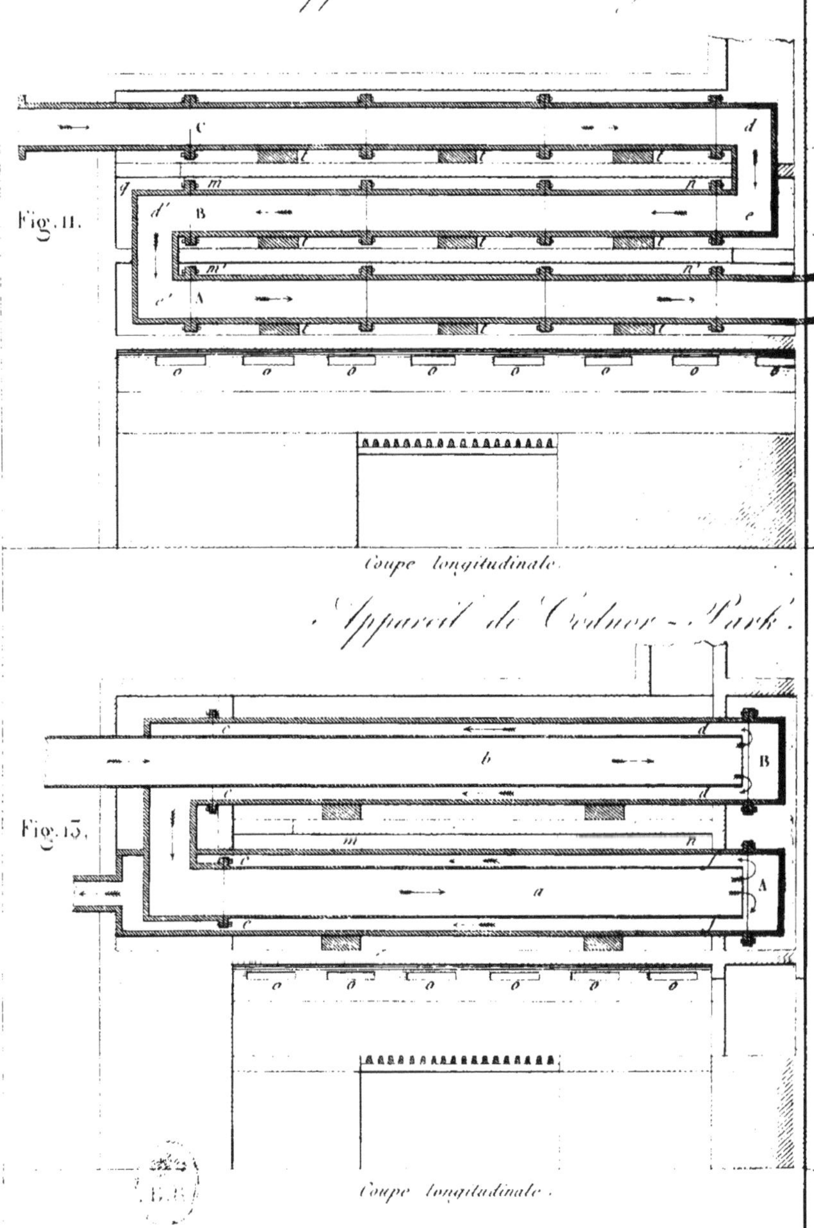

FER L'AIR, DANS LES USINES A FER DE L'ANGLETERRE. Pl. XI.

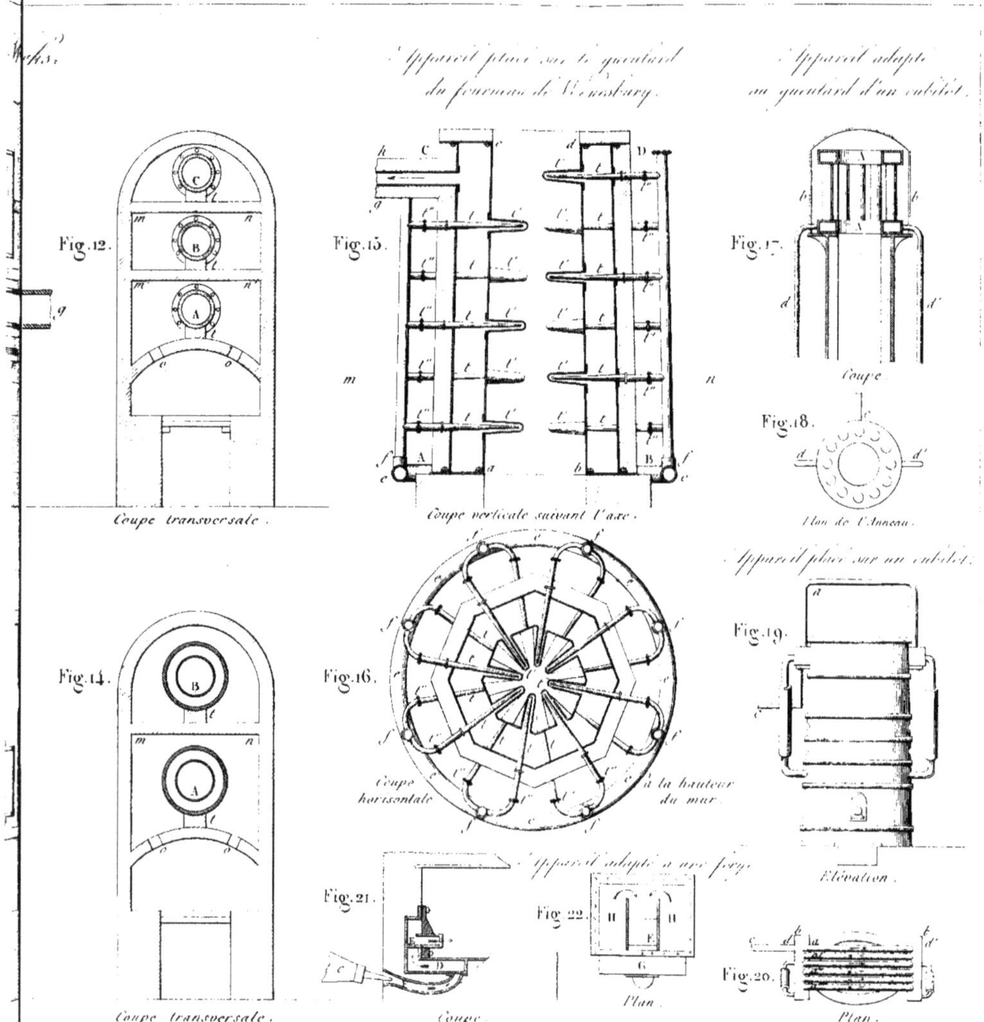

10 pieds Anglais

Gravé par Adam

Fig.

Fig.

Annale

FFE

APPAREILS EMPLOYÉS POUR CHAU[FFER L'AIR]

Appareil de la Clyde.

Fig. 1.

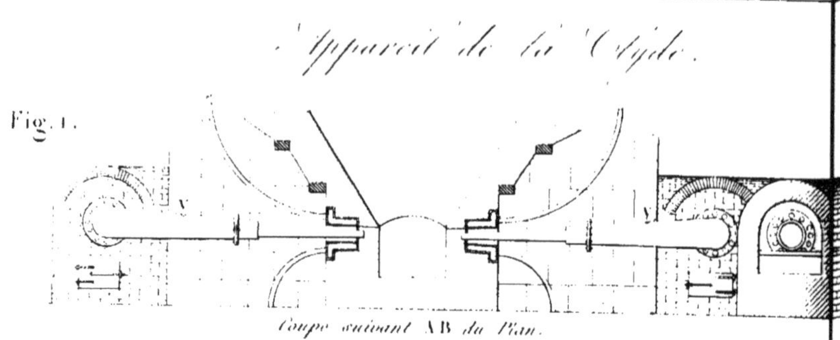

Coupe suivant AB du Plan.

Fig. 2.

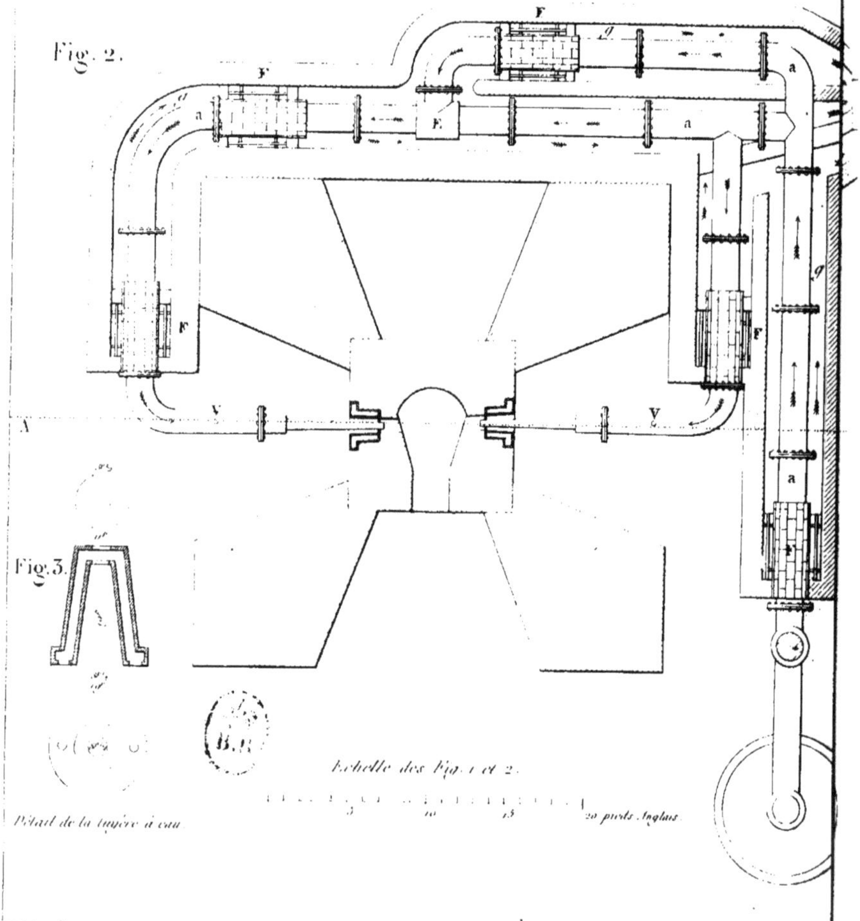

F F F E a a a a g F F V V A

Fig. 3.

Détail de la tuyère à eau.

Echelle des Fig. 1 et 2.

5 10 15 20 pieds Anglais

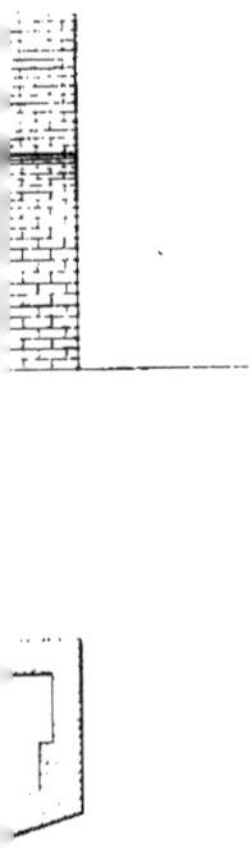

Appareil de Monkland-iron-Works.

Fig. 4.

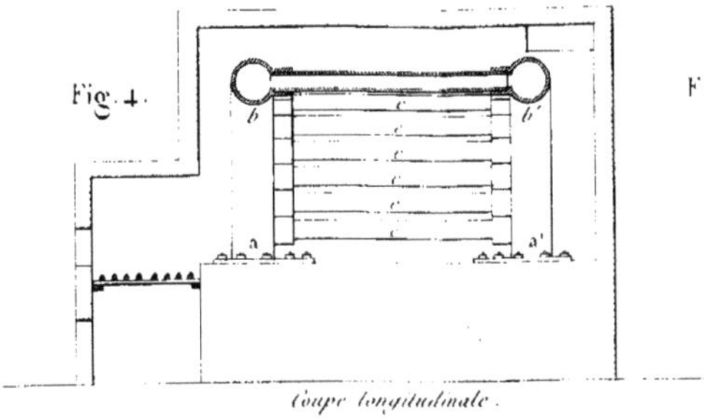

Coupe longitudinale.

Fig. 5.

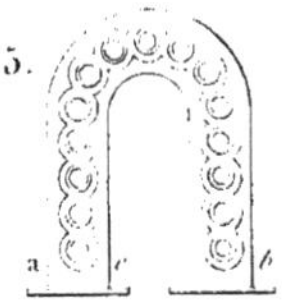

Projection verticale du gros tuyau a b.

Appareil de Calder.

Fig. 6.

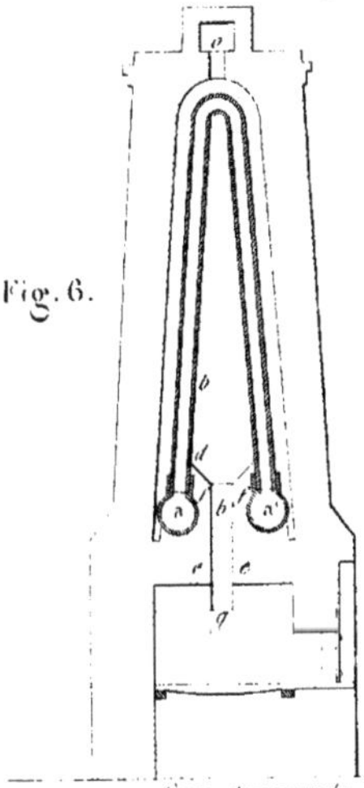

Coupe transversale

Fig. 7.

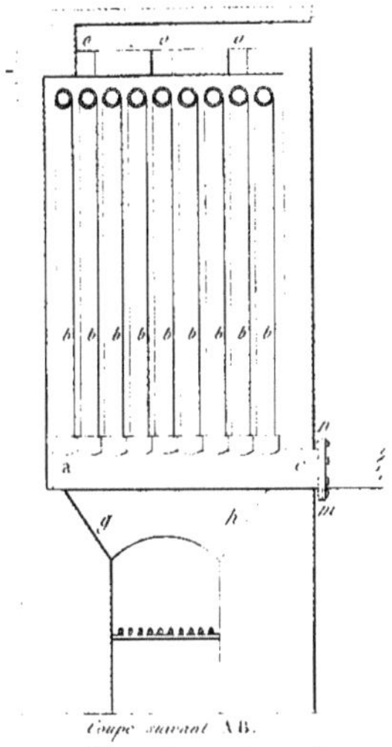

Coupe suivant AB.

Fig. 8.

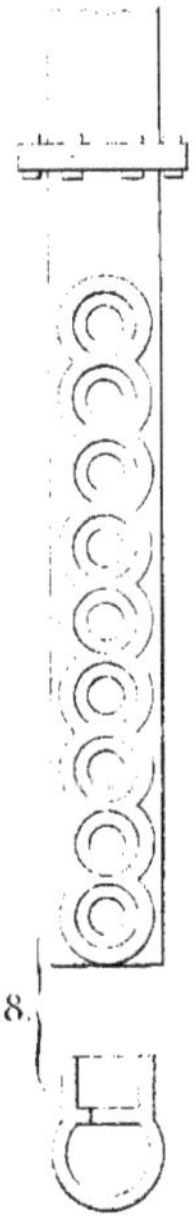

Détail du gros tuyau a c sur une échelle double.

Fig. 9.

Plan.

Echelle des Fig. 4 à 8.

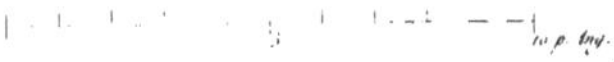

10 p. ang.

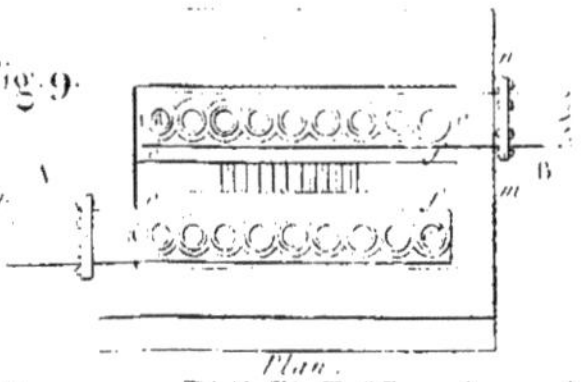

Gravé par Adam.

Fig. 1.

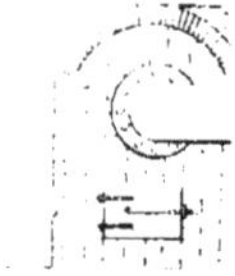

Fig. 2.

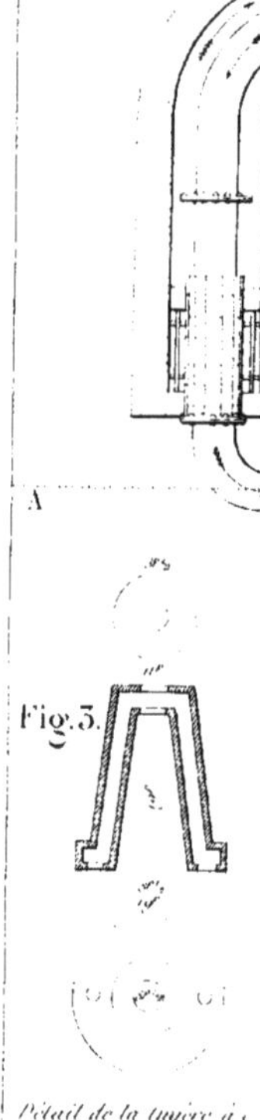

Fig. 3.

Détail de la tuyère à ...

TABLE DES MATIÈRE.

FIN DE LA TABLE.

www.ingramcontent.com/pod-product-compliance
Ingram Content Group UK Ltd.
Pitfield, Milton Keynes, MK11 3LW, UK
UKHW021103260726
13994UKWH00002B/678